EL CIELO TOMADO POR LA TORMENTA

Thomas Watson

EL CIELO TOMADO POR LA TORMENTA

Mostrando la violencia santa que un cristiano debe presentar en la búsqueda de la gloria.

THOMAS WATSON

Título Original: Heaven Taken by Storm

Autor: Thomas Watson

Título: El cielo tomado por la tormenta

Traducido y publicado por primera vez en español por CREDO PRESS USA Copyright ©2022 Todos los derechos reservados.

Editor general: Juan A. Salas
Asistente de edición: Bernardo Collao C.

Clasificación Puritanismo Ingles| Devoción

ISBN: 979-8839507883

Impreso en Estados Unidos
Impreso en Europa

ÍNDICE DE CONTENIDO

INTRODUCCIÓN

En un período en el que tantos parecen estar influenciados por un fuerte deseo de buscar el camino a Sion, será sin duda aceptable para aquellos que tienen sus rostros vueltos hacia allí, tener en sus manos y ante sus ojos el escrito de un ministro del evangelio tan eminentemente piadoso como fue el venerado Thomas Watson.

Cualquiera que esté familiarizado con el testimonio contenido en las Sagradas Escrituras, que entre los protestantes se admite universalmente como la única norma verdadera de nuestra fe y nuestras costumbres, debe reconocer que la vida de un cristiano es una vida de guerra. Así encontramos registrado: «Velad, pues, porque no sabéis a qué hora vendrá vuestro Señor» (Mt. 2:42), y,

> «Pues, aunque andamos en la carne, no militamos según la carne; porque las armas de nuestra milicia no son carnales, sino poderosas en Dios para la destrucción de fortalezas, derribando argumentos y toda altivez que se levanta contra el conocimiento de Dios, y llevando cautivo todo pensamiento a la obediencia a Cristo» (2Cor. 10:3-5).

Sin embargo, no hay nadie que no reconozca fácilmente que la oposición planteada por el mundo en nuestros días no es igual a la experimentada por nuestros hermanos primitivos, No obstante, tenemos la misma promesa: «Basta a cada día su propio mal» (Mateo 6:34), y de nuevo: «Y me ha dicho: Bástate mi gracia; porque mi poder se perfecciona en la debilidad» (2 Cor. 12:9). No obstante, estas preciosas promesas, es de temer que, aunque haya muchos y fieles ministros de la Palabra de

Dios en estos días, si la confesión abierta de nuestra fe nos sometiera al cadalso o a la hoguera, hay pocos, ¡ay! demasiado pocos, que igualen a un Almondus, Apprice, Ardley, Arethusius, Rodgers o James Askew. Aun así, nos atreveríamos a afirmar que tanto la vida como los escritos del autor no están en punto de excelencia ni un ápice por debajo de cualquiera de ellos.

Aunque en opinión de algunos lectores descuidados, al principio puede parecer que no hay nada en el estilo de la siguiente obra que atraiga la atención de los grandes o los eruditos del mundo, sin embargo, tras una lectura seria del gran y legítimo tema del que trata, se encontrará un lenguaje apoyado por una verdad tan fuerte e irresistible que es capaz de hacer temblar incluso a un Félix, y que los llamados hombres del mundo no pueden refutar ni resistir.

En esta pequeña obra se confiesa fácilmente que hay algunas expresiones que pueden ser interpretadas para manifestar una enemistad particular hacia una determinada secta. Si alguien lo piensa, que recuerde las palabras de los apóstoles: «Es necesario obedecer a Dios antes que a los hombres» (Hechos 5:29). Al igual que los apóstoles, el cuidado de nuestro autor parece haber sido el de poner constantemente ante él el temor a su creador. En lo que pronunciaba desde el púlpito o emitía desde la prensa, parecía estar mucho más ansioso por ganar almas para el reino de los cielos mediante la promulgación de verdades serias e importantes que por hacer cosquillas a sus lectores y oyentes mediante los deberes sagrados que se le imponían en virtud del cargo, le importaba poco o nada lo que los hombres pudieran hacerle o decir sobre él.

En la presente edición de este trabajo se han hecho

alteraciones en la ortografía del autor, para adecuarla a la utilizada en el presente. También se han modernizado algunas expresiones que estaban obsoletas, pero se ha puesto el máximo cuidado en que ninguna expresión pierda parte de su energía, fuerza o significado. Las notas marginales de la antigua edición, que estaban principalmente en las lenguas griega y latina, se han omitido en ésta. La conveniencia de este recorte debe ser evidente, porque tendían más bien a avergonzar que a instruir a la gran masa de personas en cuyas manos podía caer esta pequeña obra, mientras que al mismo tiempo aumentaban enormemente el precio.

El editor, bien consciente del valor del tratado que ahora ofrece, se había esforzado por hacerlo lo menos costoso posible. Espera sinceramente que pueda ser el medio feliz de convertir a algunos de los miserables caminos del pecado y la muerte a las sendas de la rectitud y la vida eterna.

Que ésta sea la suerte feliz de todos aquellos a quienes llegue, es el sincero deseo de,

El editor

I

La toma del cielo por la violencia

«Desde los días de Juan el Bautista hasta ahora, el reino de los cielos sufre violencia, y los violentos lo arrebatan».
Mateo 11:12

Juan el Bautista, oyendo en la cárcel la fama de Cristo, le envía dos de sus discípulos con esta pregunta: ¿Eres tú el que debe venir, o esperamos a otro? (Mateo 11:3). No es que Juan Bautista no supiera que Jesús Cristo era el verdadero Mesías, pues fue confirmado en esto tanto por el Espíritu de Dios como por una señal del cielo (Juan 1:33). Pero Juan el Bautista se esforzó por corregir la ignorancia de sus propios discípulos, que le tenían más respeto que a Cristo.

En el cuarto versículo (Mateo 4-5), Cristo responde a su pregunta: «Id y haced saber a Juan las cosas que oís y veis. Los ciegos ven, los cojos andan, los leprosos son limpiados, los sordos oyen, los muertos son resucitados y a los pobres es anunciado el evangelio». Jesucristo demuestra ser el verdadero Mesías por sus milagros, que eran pruebas reales y visibles de su divinidad. Habiéndose marchado los discípulos de Juan, Cristo cae en una gran alabanza y elogio de Juan el Bautista, Versículo 7, «¿Qué salisteis a ver al desierto? ¿Una caña movida por el viento?» Como si Cristo hubiera dicho: Juan el Bautista no era un hombre inconstante, que fluctuaba en su mente y se agitaba como una caña de una opinión a otra; no era Rubén, inestable como el agua, sino que estaba fijo y resuelto en la piedad, y una prisión no podía hacer ninguna alteración en él.

Versículo 8, «¿O qué salisteis a ver? ¿A un hombre cubierto de vestiduras delicadas? Juan no dio rienda suelta a sus sentidos; no vestía sedas, sino pelo de camello; tampoco deseaba vivir en la corte, sino en un desierto, (Mat. 3:3-4).

Una vez más, Cristo elogia a Juan como su precursor que preparó el camino antes que él; (versículo 10). Fue la estrella de la mañana que precedió al Sol de Justicia. Y para que Cristo pueda honrar suficientemente a este hombre santo, no sólo lo pone en paralelo con el principal de los profetas, sino que lo prefiere a él. (V. 9) «Pero, ¿qué salisteis a ver? ¿A un profeta? Sí, os digo, y más que un profeta. (v.11) De cierto os digo: Entre los que nacen de mujer no se ha levantado otro mayor que Juan el Bautista; pero el más pequeño en el reino de los cielos, mayor es que él». Era eminente tanto por la dignidad de su cargo como por La perspicuidad de su doctrina; y así se introduce nuestro texto: «Desde los días de Juan el Bautista hasta ahora el reino de los cielos sufre violencia, y los violentos lo toman por la fuerza». En estas palabras hay, el prefacio, o introducción: «desde los días de Juan el Bautista hasta ahora». Juan el Bautista era un predicador celoso, un Boanerges, o hijo del Trueno; y después de su predicación, la gente comenzó a ser despertada de sus pecados.

Por lo tanto, aprende qué clase de ministerio es el que más bien puede hacer, es decir, el que actúa sobre las conciencias de los hombres. Juan el Bautista levantó su voz como una trompeta, predicó la doctrina del arrepentimiento con poder: «¡Arrepiéntanse, porque el reino de los cielos está cerca!» (Mat. 3:2). Venía cortando los pecados de los hombres, y después les predicaba a Cristo. Primero echó el vinagre de la ley, luego el vino del evangelio. Esta fue la predicación que hizo que los hombres buscaran con ahínco el cielo. Juan no predicó tanto para agradar como para aprovechar; prefirió revelar los pecados de los hombres antes que mostrar su propia elocuencia. El mejor espejo no es el más adornado, sino el que muestra el rostro de manera más autentica. Hay que preferir la predicación que descubre más verdaderamente los pecados de los hombres y les muestra sus corazones. Juan el Bautista era una luz ardiente y brillante; ardía en su doctrina y brillaba en su vida; y por eso los hombres se apretujaban en el cielo.

Pedro, que estaba lleno de un espíritu de celo, humilló a sus oyentes por sus pecados, y les abrió una fuente en la sangre de Cristo, fueron pinchados en su corazón (Hechos 2:37). Es la mayor misericordia, tener un ministerio de búsqueda del alma. Si uno tuviera una herida desesperada, desearía que se la sondeara hasta el fondo. ¿Quién no se conformaría con que su alma fuera examinada, para poder salvarla?

El asunto en el texto: «El reino de los cielos sufre violencia, y los violentos lo toman por la fuerza».

¿Qué se entiende por «el reino de los cielos»?

Algunos lo interpretan como la doctrina del evangelio que revela a Cristo y al cielo. Pero yo más bien, por el reino de los cielos, entiendo la gloria celestial, así como Beza y otros.

Este reino «sufre violencia». Se trata de una metáfora de una ciudad o castillo que resiste en la guerra, y no es tomado, sino por asalto. Así, el reino de los cielos no será tomado sin violencia: «Los violentos lo toman por la fuerza». La tierra la heredan los mansos (Mateo 5:5).

El cielo lo heredan los violentos. Nuestra vida es militar. Cristo es nuestro capitán, el evangelio es el estandarte, las gracias son nuestra artillería espiritual, y el cielo sólo se toma por la fuerza. Estas palabras se dividen en dos partes.

I. *La violencia del combate.*

II. *La conquista:* los violentos la toman por la fuerza.

Doctrina: **La forma correcta de tomar el cielo es por asalto. Nadie entra en el cielo sino los violentos.**

Esta violencia tiene un doble aspecto.

a) Se trata de hombres como magistrados.

(1) Deben ser violentos, al castigar a los culpables.

Cuando el Urim y el Tumim de Aarón no sirvan de nada, entonces deberá venir Moisés con su vara. Los malvados son la mala sangre y los cánceres de la comunidad que, mediante el cuidado de la magistratura, deben ser purgados. Dios ha puesto a los gobernantes «para el terror de los malhechores» (1 Pedro 2:14). No deben ser como el pez espada, que tiene una espada en la cabeza, pero no tiene corazón. No deben tener una espada en la mano, pero sin corazón para sacarla para cortar la impiedad.

La indulgencia en un magistrado apoya el vicio, y al no castigar a los infractores adopta las faltas de otros hombres y las hace suyas. La magistratura sin celo es como el cuerpo sin espíritu. Demasiada indulgencia envalentona el pecado y no hace más que afeitar la cabeza, que merece ser cortada.

(2) En la defensa de los inocentes.

El magistrado es el asilo o el altar de refugio al que acuden los oprimidos. Carlos, duque de Calabria, estaba tan enamorado de hacer justicia que hizo colgar una campana en la puerta de su palacio, y quien la hiciera sonar, estaba seguro de ser admitido al momento en la presencia del duque, o de que se enviaran algunos oficiales para escuchar su causa. Arístides era famoso por su justicia, de quien el historiador dice que nunca favorecía la causa de ningún hombre por ser su amigo, ni cometía injusticia con ninguno por ser su enemigo. La justicia del magistrado, es el escudo del hombre oprimido.

b) Esta violencia concierne a los hombres como cristianos.

Aunque el cielo se nos da gratuitamente, debemos luchar por él. (Eclesiastés 9:10) «Todo lo que te viniere a la mano para hacer, hazlo según tus fuerzas; porque en el Seol, adonde vas, no hay obra, ni trabajo, ni ciencia, ni sabiduría».

Nuestro trabajo es grande, nuestro tiempo corto, nuestro Maestro urgente. Por lo tanto, tenemos que reunir todas las fuerzas de nuestras almas y luchar como en un asunto de vida o muerte, para que puede llegar al reino de arriba. No sólo debemos poner diligencia, sino también violencia.

Para ilustrar y aclarar esta proposición, mostraré.

I. *Lo que no se entiende por violencia.*

(1.) La violencia en el texto excluye, una violencia ignorante; ser violentos por lo que no entendemos, (Hechos 17:23) «Al pasar y contemplar vuestras devociones, encontré un altar con esta inscripción: al Dios desconocido». Estos atenienses eran violentos en sus devociones, pero se les podría decir, como Cristo dijo a la mujer de Samaria, (Juan 4:22) «Adoras lo que no conoces». Así los católicos son violentos en su religión.

Se testigo de su penitencia, ayuno, laceración de sí mismos hasta que la sangre viene; pero es un celo sin conocimiento; su temple es mejor que su vista. Cuando Aarón debía quemar incienso sobre el altar, primero debía encender las lámparas, (Éxodo 5:7). Cuando el celo arde como el incienso, primero debe encenderse la lámpara del conocimiento.

(2.) Excluye una violencia sangrienta, que es doble:

(1) Cuando uno va a imponer las manos violentamente sobre sí mismo. El cuerpo es una prisión terrenal, donde Dios ha puesto el alma; no debemos romper la prisión, sino permanecer hasta que Dios nos deje salir por la muerte. El centinela no debe moverse sin permiso de su capitán; tampoco nosotros debemos atrevernos a movernos de aquí sin el permiso de Dios. Nuestros cuerpos son los templos del Espíritu Santo, (1 Cor. 6:19); cuando les ofrecemos violencia, destruimos el templo de Dios: La lámpara de la vida debe arder mientras que, de alguna humedad natural, como el aceite, para alimentarla.

(2.) Cuando uno le quita la vida a otro. Hoy en día hay demasiada violencia de este tipo. Ningún pecado tiene una voz más fuerte que la sangre, (Gn 4:10). La voz de la sangre de tu hermano clama a mí desde la tierra. Si hay una maldición para el que hiere a su prójimo en secreto (Deut. 27:24), entonces es doblemente maldito el que lo mata.

Si un hombre hubiera matado a otro sin saberlo, podría tomar el santuario y volar al altar; pero si lo hubiera hecho voluntariamente, la santidad del lugar no lo protegería, (Éxodo 21:14) «Pero si un hombre trama y mata a otro deliberadamente, llévatelo de mi altar y mátalo». Siendo Joab un hombre sanguinario, el rey Salomón trató de matarlo, aunque se agarró a los cuernos del altar, (1 Reyes 8:29).

En Bohemia, antiguamente, un asesino debía ser decapitado y puesto en el mismo ataúd con aquel a quien había matado. Así vemos qué violencia excluye el texto.

II. Lo que significa esta violencia en el texto

La violencia que aquí se quiere ejercer es una violencia santa, y esto es doble.

(1.) Debemos ser violentos por la verdad.

Aquí se citará la pregunta de Pilatos: «¿Qué es la verdad?». La verdad es, o bien la bendita Palabra de Dios que se llama la Palabra de la verdad; o bien aquellas doctrinas que se deducen de la Palabra, y concuerdan con ella como el disco con el sol o la transcripción con el original; como la doctrina de la Trinidad, la doctrina de la creación, la doctrina de la libre gracia, la justificación por la sangre de Cristo, la regeneración, la resurrección de los muertos y la vida de la gloria. Por estas verdades debemos ser violentos, es decir, ser defensores de ellas o mártires.

(1) La verdad es la cosa más gloriosa; la menor limadura de este oro es preciosa; así, con la verdad. ¿Por qué seremos violentos si no es por la verdad? La verdad es antigua; sus canas pueden hacerla venerable; viene de aquel que es el antiguo de los días. La verdad es infalible, es la estrella que conduce a Cristo. La verdad es pura, (Salmo 119:140). Se la compara con la plata refinada siete veces, (Salmo 12:6).

No hay la menor mancha en el rostro de la verdad;

no respira más que santidad. La verdad es triunfante; es como un gran conquistador; cuando todos sus enemigos yacen muertos, mantiene el campo y levanta sus trofeos de victoria. Todos los apóstoles hablaron como si fueran una sola boca, esto es una gran muestra de la verdad.

La verdad puede ser rechazada, pero nunca depuesta del todo. En la época de Diocleciano, las cosas parecían desesperadas y la verdad estaba en decadencia. Poco después llegó la época dorada de Constantino, y entonces la verdad volvió a levantar la cabeza. Cuando el agua del Támesis está más baja, la marea alta está lista para entrar. Dios está del lado de la verdad y mientras no haya miedo, prevalecerá: Los cielos ardiendo se disolverán, (2 Pedro 3:12); pero no la verdad que vino del cielo, (1 Pedro 1:25).

(2) La verdad tiene efectos nobles. La verdad es la semilla del nuevo nacimiento. Dios no nos regenera por milagros o revelaciones, sino por la Palabra de verdad, (Santiago 1:18). Así como la verdad es la que engendra la gracia, también es la que la alimenta, (1 Tim. 4:6). La verdad santifica, (Juan 17:17). Santifícalos por medio de tu verdad. La verdad es el sello que deja la huella de su propia santidad en nosotros; es a la vez un espejo para mostrarnos nuestras manchas, y un lavatorio para lavarlas.

La verdad nos hace libres, (Juan 18:32). Nos quita las cadenas del pecado y nos pone en un estado de *filiación* (Romanos 8:11), y de *realeza* (Apocalipsis 1:6).

La verdad es reconfortante; este vino alegra. Cuando el arpa de David no pudo darle consuelo, la verdad lo hizo, (Salmo 119:50). «Este es mi consuelo en mi aflicción, porque tu Palabra me ha vivificado». La verdad es un antídoto contra el error. El error es el adulterio de la mente; mancha el alma, como la traición mancha la sangre.

El error condena tanto como el vicio. Un hombre puede morir tanto por el veneno como por la pistola; y ¿qué puede evitar el error sino la verdad? La razón por la que tantos han sido engañados en el error es porque no conocieron o no amaron la verdad. Nunca podré decir lo suficiente en honor a la verdad. La verdad es el fundamento de nuestra fe; nos da un modelo exacto de piedad; nos muestra lo que debemos creer. Quitad la verdad y nuestra fe es una fantasía.

La verdad es la mejor flor de la corona de la iglesia; no tenemos una joya más rica para confiar a Dios que nuestras almas; ni Él una joya más rica para confiarnos que sus verdades. La verdad es una enseña de honor; nos distingue de la falsa iglesia, como la castidad distingue a una mujer virtuosa de una ramera. En resumen, la verdad es el baluarte de una nación (2 Crón. 11:17).

Se dice que los levitas (que eran los portadores de la verdad) fortalecieron el reino. La verdad puede ser comparada con el capitolio de Roma, que era un lugar de la mayor fortaleza; o la Torre de David, en la que «cuelgan mil escudos» (Cant. 4:4).

Nuestras fortalezas y armadas no nos fortalecen tanto como la verdad. La verdad es la mejor milicia de un reino; si una vez nos separamos de la verdad y abrazamos el papismo, se corta el mechón de pelo, donde reside nuestra fuerza. Entonces, ¿por qué debemos ser violentos, si no es por la verdad? Se nos pide que luchemos como en una agonía «por la fe que una vez fue entregada a los santos», (Judas 3). Si la verdad desaparece una vez, podemos escribir este epitafio en la lápida de Inglaterra: «¡Tu gloria ha partido!».

(2.) Esta santa violencia es también cuando somos violentos *para nuestra propia salvación.*

«Procurad hacer firmes vuestra vocación y elección», (2 Pedro 1:10). La palabra griega «spoudázo», significa un cuidado ansioso, o una actitud seria de los pensamientos sobre el negocio de la eternidad, un cuidado tal que pone la cabeza y el corazón en funcionamiento. *En este cauce de piedad debe discurrir todo el celo del cristiano.*

III. ¿Qué implica esta santa violencia?

Implica tres cosas: *Resolución de la voluntad, vigor del afecto, fuerza de esfuerzo.*

(1.) Resolución de la voluntad

«He jurado, y lo cumpliré, que guardaré tus justos juicios» (Salmo 119:6). Todo lo que se interponga en el camino hacia el cielo, (aunque haya un león en el camino) lo enfrentaré como un comandante resuelto que carga contra todo el cuerpo del ejército. El cristiano está resuelto, pase lo que pase, a tener el cielo. Donde hay esta resolución, el peligro debe ser despreciado, las dificultades pisoteadas, los terrores despreciados.

Esto es lo primero en la santa violencia: la resolución de la voluntad. «¡Tendré el cielo cueste lo que cueste!» Y esta resolución debe estar en la fuerza de Cristo. Donde sólo hay una resolución a medias -una voluntad de ser salvado y una voluntad de seguir el pecado- es imposible ser violento por el cielo. Si un viajero no está resuelto, a veces irá por este camino, a veces por el otro; no es violento por ninguno de los dos.

(2.) Vigor de las afecciones.

La voluntad procede sobre la razón; el juicio es informado de la excelencia de un estado de gloria; y la voluntad está decidida a viajar a esa tierra santa; ahora los afectos siguen y se encienden en anhelos apasionados por el cielo. Los afectos son cosas violentas, (Salmo 42:2) «Mi alma tiene sed de Dios, del Dios vivo». Los rabinos notan aquí, que David no dice: «Mi alma tiene hambre», sino «tiene sed», porque naturalmente nos impacienta más la sed que el hambre. Vean qué movimiento rápido y violento llevaban los afectos de David en pos de Dios. Los afectos son como las alas del pájaro que hacen que el alma sea veloz en su vuelo tras la gloria; donde los afectos se agitan, se ofrece violencia al cielo.

(3.) Esta violencia implica la fuerza del esfuerzo.

Cuando nos esforzamos por la salvación como si fuera una cuestión de vida o muerte. Es fácil hablar del cielo, pero no llegar al cielo. Debemos poner toda nuestra fuerza, y pedir la ayuda del cielo para esta obra.

El cristiano debe ofrecer violencia de cuatro maneras: *a. A sí mismo, b. Por el mundo, c. A Satanás, d. Al cielo.*

El cielo tomado por la tormenta

II

El cristiano debe ofrecerse violencia a sí mismo

Esta auto violencia consiste en dos cosas:

I. Mortificación del pecado.

Ofrecer violencia a uno mismo, en sentido espiritual, consiste en la *mortificación del pecado*: El yo es la carne; a ésta debemos ofrecerle violencia. *Jerónimo, Crisóstomo, Teofilacto,* todos exponen tomar el cielo por la fuerza, la mortificación de la carne. La carne es una traidora del pecho; es como el caballo de Troya dentro de las murallas que hace todo el daño. La carne es un enemigo astuto, al principio es dulce veneno, y luego aguijón de escorpión; mata abrazando.

Los abrazos de la carne son como la hiedra abrazando al roble, que le chupa la fuerza para sus propias hojas y bayas. Así, la carne, con sus suaves abrazos, succiona del corazón todo lo bueno, (Gálatas 5:17) La carne codicia al espíritu. El mimo de la carne, es el apagado del Espíritu de Dios. La carne ahoga y reprime las mociones santas: la carne se pone del lado de Satanás y es fiel a sus intereses. Hay una parte interior que no rezará, que no creerá.

La carne nos inclina más a creer una tentación que una promesa. No hace falta que el viento sople hacia el pecado cuando esta marea interior es tan fuerte para llevarnos allí. La carne está tan cerca de nosotros, que sus consejos son más atractivos. No hay cadena de adamanto que ate tan fuertemente, como la cadena de la lujuria. Alejandro, que fue conquistador del mundo, fue llevado cautivo por el vicio.

Ahora un hombre debe ofrecer violencia a sus deseos carnales si quiere ser salvado, (Col. 3:5) «Mortificad, pues, vuestros miembros que están en la tierra». Mortificar y matar el pecado de raíz, es cuando no sólo evitamos los actos de pecado, sino que odiamos la morada del pecado. Por tanto, haced morir todo lo que pertenece a vuestra naturaleza terrenal: la inmoralidad sexual, la impureza, la lujuria, los malos deseos y la codicia, que es la idolatría (Colosenses 3:5).

Más aún, cuando el pecado ha recibido su herida mortal, y está en parte abatido, la obra de mortificación no debe dejarse de lado. El Apóstol persuade a los romanos creyentes a «mortificar las obras de la carne», (Romanos 8:13).

En el mejor de los santos, hay algo que necesita ser mortificado; mucho orgullo, envidia y pasión; por lo tanto, la mortificación se llama crucifixión (Gal. 5:24) que no se hace de repente. Cada día debe caer algún miembro del «cuerpo de la muerte». Tertuliano dice: «mientras menos se ocupen de sí mismos, tanto más Dios se ocupará de ustedes. Créanme». Nada es más duro que una roca (dice Cirilo), pero en sus hendiduras alguna hierba echará sus raíces.

No hay nada más fuerte que un creyente; sin embargo, haga lo que haga, el pecado echará sus raíces en él, y brotará a veces con deseos desmedidos. Siempre hay algo que necesita ser mortificado. De ahí que Pablo haya «abatido su cuerpo» mediante la oración, la vigilancia y el ayuno (1 Cor. 9:27).

OBJECIÓN 1: Pero, ¿no se dice en Efesios 5:29, «nadie ha odiado nunca su propia carne»?

Respuesta: Como la carne se toma físicamente por la constitución corporal, así debe ser apreciada; pero como la carne se toma *teológicamente* por los deseos impuros de la carne, así el hombre debe odiar su propia carne. El apóstol dice: «Los deseos carnales luchan contra el alma», (1 Pedro 2:11). Si la carne lucha contra nosotros, esta es una buena razón para que luchemos contra la carne.

OBJECIÓN 2: ¿Cómo se puede hacer para ofrecer violencia a sí mismo en la mortificación de la carne?

Respuesta 1: Retira el combustible que puede hacer arder la lujuria. Ambrosio escribe:

> «La lujuria es alimentada con los banquetes, sustentada con los manjares, encendida con el vino e inflamada por la embriaguez. Aún más peligrosos que estos son los incentivos de las palabras, que intoxican la mente como si fuera una especie de vino de la vid de Sodoma».

Evita todas las tentaciones. Cuídate de lo que alimenta el pecado. El que quiera suprimir la gota o piedra, evita aquellas carnes que son nocivas. Los que rezan para no caer en la tentación, no deben caer ellos mismos en la tentación.

Respuesta 2: Lucha contra los deseos carnales con las armas espirituales: *fe y oración*. La mejor manera de combatir el pecado es de rodillas. *Corra a la promesa,* (Romanos 6:14) «El pecado no se enseñoreará de vosotros», o como dice la palabra griega, no lo señoreará. *Pide fuerzas a Cristo*, (Fil. 9:13).

La fuerza de Sansón estaba en su cabello; nuestra fuerza está en nuestra cabeza, Cristo. Esta es una forma de ofrecer violencia a uno mismo mediante la mortificación. Esto es un misterio para la mayor parte del mundo, que gratifica la carne en lugar de mortificarla.

II. Provocación al deber.

Ofrecemos una santa violencia a nosotros mismos cuando nos excitamos y provocamos a lo que es bueno. Esto se llama en la Escritura, un «agitarnos para agarrarnos a Dios» (Isaías 64:7).

1. Considera la absoluta necesidad que hay de avivar los deberes santos.

Con respecto a la lentitud de nuestros corazones, a lo que es espiritual; las herramientas sin filo necesitan ser afiladas; una criatura embotada necesita espuelas. Nuestros corazones están embotados y pesados en las cosas de Dios, por lo que tenemos necesidad de espolearlos y provocarlos a lo que es bueno. La carne impide el cumplimiento del deber: cuando queremos orar, la carne se resiste; cuando debemos sufrir, la carne se retrae. ¡Qué difícil es a veces conseguir el consentimiento de nuestro corazón para buscar a Dios! Jesucristo fue más gustosamente a la cruz que nosotros al trono de la gracia.

¿No teníamos entonces que provocarnos a nosotros mismos al deber? Si nuestros corazones están tan desatados en cuanto a la piedad, es necesario que los preparemos y los pongamos en sintonía.

Los ejercicios del culto a Dios son contrarios a la naturaleza; por lo tanto, debe haber una provocación de nosotros mismos hacia ellos. El movimiento del alma hacia el pecado es natural, pero su movimiento hacia la santidad y el cielo es violento. La piedra tiene una propensión innata hacia abajo; pero levantar una piedra de molino en el aire se hace con violencia, porque está en contra de la naturaleza: así que levantar el corazón al Cielo en el deber, se hace con violencia y debemos provocarnos a nosotros mismos.

2. Lo que es provocarnos a nosotros mismos al deber.

(1.) Es para despertarnos a nosotros mismos, y sacudirnos la pereza espiritual. El santo David despierta su lengua y su corazón cuando va al servicio de Dios, (Salmo 57:8) «Despierta mi gloria, yo mismo me despertaré temprano». Musculus escribe en su comentario a los salmos sobre este verso: «la lengua habla con palabras, y el corazón con el arpa».

Encontró una somnolencia y torpeza en su alma, por lo tanto, se provocó a sí mismo al deber. «Yo mismo me despertaré temprano». Los cristianos, aunque hayan resucitado de la muerte del pecado, a menudo se duermen.

(2.) Provocarnos al deber, implica unir y reunir todas las fuerzas de nuestra alma, poniéndolas a trabajar en los ejercicios de la piedad. Un hombre debe decir a sus pensamientos: «mantente fijo en Dios en este deber»; y a sus afectos: «sirve al Señor sin distracción». Los asuntos de piedad deben hacerse con intensidad de espíritu.

(3.) Debemos mostrar los diversos deberes del cristianismo, en los que debemos provocar y ofrecer violencia a nosotros mismos.

El cielo tomado por la tormenta

III

Ofreciendo violencia por la lectura de la palabra

Debemos provocarnos a la lectura de la Palabra.

¡Qué infinita misericordia es que Dios nos haya bendecido con las Escrituras! Los indios bárbaros no tienen los oráculos de Dios dados a conocer; tienen las minas de oro, pero no las Escrituras, que son más deseables «que mucho oro fino», (Salmo 19:10). Nuestro Salvador nos pide «escudriñar las Escrituras», (Juan 5:39). No debemos leer estas santas líneas descuidadamente, como si no nos incumbieran, ni repasarlas apresuradamente, como Israel comió la Pascua de prisa; sino leerlas con reverencia y seriedad. André Rivet comenta: «estudia la Escritura con atención, si lo haces bostezando la rechazaras».

Los nobles bereanos «escudriñaban cada día las Escrituras» (Hechos 17:11). La Escritura es el tesoro del conocimiento divino; es la regla y la piedra de toque de la verdad; de este pozo sacamos el agua de la vida. Para provocar una lectura diligente de la Palabra, trabaja para tener una noción correcta de la Escritura.

I. Lee la Palabra como un libro hecho por Dios mismo.

Es dada «por inspiración divina», (2 Tim. 3:16). Es la biblioteca del Espíritu Santo. Los profetas y los apóstoles no fueron sino amanuenses de Dios para escribir la ley por su boca. La Palabra es de origen divino, y nos revela las cosas profundas de Dios. Hay un sentido de la deidad grabado en el corazón del hombre, y debe leerse en el libro de las criaturas; pero quién es este Dios, y la Trinidad de personas en la Divinidad, está infinitamente, por encima de la luz de la razón; sólo Dios mismo podría darlo a conocer.

Lo mismo ocurre con la encarnación de Cristo; Dios y el hombre, unidos hipostáticamente en una sola persona; el misterio de la justicia imputada; la doctrina de la fe: ¿qué ángel del cielo, sino Dios mismo, podría revelarnos estas cosas? Cómo puede esto provocar la diligencia y la seriedad en la lectura de la Palabra divinamente inspirada. Otros libros pueden ser escritos por hombres santos, pero este libro está inspirado por el Espíritu Santo.

II. Lee la Palabra como regla perfecta de fe.

Esta contiene todo lo esencial para la salvación. «Adoro la plenitud de la Escritura», dice Tertuliano. La Palabra nos enseña cómo agradar a Dios; cómo ordenar nuestra vida en el mundo. Nos instruye en todas las cosas que pertenecen a la prudencia o a la piedad. ¡Cómo debemos leer la Palabra con cuidado y reverencia, cuando contiene un modelo perfecto de piedad y es «capaz de hacernos sabios para la salvación» (2 Tim. 3:15)!

III. Cuando leas la Palabra, considérala como un tesoro que enriquece el alma.

Búscala como un tesoro escondido. (Proverbios 2:4). En esta Palabra están esparcidos muchos dichos divinos; recógelos como tantas joyas. Este bendito libro te enriquecerá; llena tu cabeza de conocimiento divino, y tu corazón de gracia divina; te abastece de promesas: un hombre puede ser rico en vínculos.

¡En este campo se esconde la perla de precio! ¿Qué son todas las riquezas del mundo comparadas con éstas? ¿Islas de especias, costas de perlas, rocas de diamantes? Estas no son más que las riquezas que pueden tener los réprobos; pero la Palabra nos da esas riquezas que tienen los ángeles.

IV. Lee la Palabra como un libro de evidencias.

Con qué cuidado se leen las evidencias. ¿Quieres saber si Dios es tu Dios? escudriña los registros de la Escritura, (1 Juan 3:24) «En esto sabemos que él permanece en nosotros». ¿Quieres saber si eres heredero de la promesa? debes encontrarlo en estos escritos sagrados. (2 Tes. 2:13). «Nos ha elegido para la salvación por medio de la santificación». Los que son vasos de gracia, serán vasos de gloria.

(1.) Considera la Palabra como un arsenal espiritual, del que sacas todas tus armas para luchar contra el pecado y Satanás.

(1) Aquí hay armas para luchar contra el pecado. La Palabra de Dios es una espada santa, que corta los deseos del corazón. Cuando el orgullo comienza a alzarse, la espada del Espíritu destruye este pecado. (1 Pedro 4:5) «Dios resiste a los soberbios». Cuando la pasión se desahoga, la Palabra de Dios, como el garrote de Hércules, abate esta furia colérica. (Ecles. 5:9) «La ira reposa en el seno de los necios». Cuando la lujuria hierve, la Palabra de Dios enfría esa pasión destemplada. (Efes. 5:5) «Ningún impuro tiene herencia en el Reino de Cristo».

(2) Aquí hay armas para luchar contra satanás. La Palabra pone cerco a la tentación. Cuando el diablo tentó a Cristo, Él hirió a la vieja serpiente tres veces con la espada del Espíritu: «¡Está escrito!» (Mateo 4:7). Jerónimo comenta sobre este pasaje: «Cristo rechaza las saetas de las falsas doc-

trinas que el diablo había tomado de las Escrituras con el escudo verdadero de las Escrituras». Satanás nunca frustra a un cristiano tan pronto como está desarmado y sin las armas de las Escrituras.

(2.) Miren la Palabra como un espejo espiritual para vestirse.

Es un espejo para los ciegos, «¡Los mandatos del Señor son radiantes, dan luz a los ojos!» (Salmo 19:8). En otros espejos pueden ver sus rostros; en este espejo pueden ver sus corazones. (Salmo 119:104) «Por tus preceptos obtengo entendimiento». Este espejo de la Palabra representa claramente a Cristo; lo expone en su persona, naturaleza y oficios, como lo más precioso y elegible, (Cant. 6:16) «Él es todo un encanto; es una maravilla de belleza, un paraíso de deleite». Cristo, que estaba velado en los tipos, se revela claramente en el espejo de las Escrituras.

(3.) Considera la Palabra como un libro de remedios y antídotos espirituales.

Basilio compara la Palabra con una botica, que tiene toda clase de medicinas y antídotos. Si os encontráis muertos en el deber, aquí tenéis un recibo, el Salmo 119:50 «Tu Palabra me ha dado vida». Si encontráis vuestros corazones duros, la Palabra los licua y los derrite; por eso se la compara con el fuego por su poder apaciguador, (Jer. 23:29). Si estáis envenenados por el pecado, aquí tenéis una hierba para expulsarlo.

V. Considera la Palabra como un elixir soberano para consolarte en la angustia.

Te consuela contra todos tus pecados, tentaciones y aflicciones. Qué son las promesas, sino divinas cordialidades para reanimar las almas desmayadas. Una gracia corazón se alimenta de una promesa como Sansón del panal, (Jueces 14:9). La Palabra consuela contra la enfermedad y la muerte, (1 Cor 15:55). «Oh muerte, ¿dónde está tu aguijón?» El cristiano muere abrazando la promesa, como Simeón a Cristo (Heb. 11:13).

VI. Lee la Palabra como la última voluntad y el testamento de Cristo.

Aquí hay muchos legados dados a los que le aman; perdón de los pecados, adopción, consolación. Este testamento está en vigor, al estar sellado con la sangre de Cristo. Con qué seriedad lee un hijo el testamento de su padre, para ver qué se le deja.

VII. Lee la Palabra como un libro por el que debes ser juzgado.

«La Palabra que yo he hablado le juzgará en el último día» (Juan 12:48). Los que vivan según las reglas de este libro, serán absueltos; los que vivan en contra de ellas, serán condenados. Hay dos libros por los que Dios se guiará, el libro de la Conciencia y el libro de la Escritura: el uno será el testigo y el otro el juez. Cómo debería entonces todo cristiano provocarse a sí mismo para leer este libro de Dios con cuidado y devoción. Este es el libro por el que Dios juzgará al final. Los que huyen de la Palabra como guía, se verán obligados a someterse a ella como juez.

El cielo tomado por la tormenta

IV

Ofreciendo violencia por escuchar de la Palabra

El segundo deber de piedad en el que debemos provocarnos a nosotros mismos, es, en la *escucha* de la Palabra.

Podemos llevar nuestros cuerpos a la predicación de la Palabra con facilidad, pero no nuestros corazones, sin ofrecernos violencia a nosotros mismos. Cuando venimos a la Palabra predicada, venimos a un asunto de la más alta importancia, por lo tanto, debemos agitarnos y escuchar con la mayor devoción. (Lucas 19:48). «Todo el pueblo estaba muy atento para escucharle». En griego significa «Colgarse de sus labios». Franciscus Lucas comenta sobre este pasaje: «Estaban colgados sobre sus labios, como si estuvieran fuera de sí mismos. Él tenía toda su atención y alerta mental».

I. Cuando se predica la Palabra, debemos levantar las puertas eternas de nuestros corazones, para que entre el Rey de la gloria.

(1.) Qué lejos están de ofrecerse violencia a sí mismos al oír, quienes apenas se preocupan por lo que se dice, como si no estuvieran en absoluto involucrados en el asunto. Vienen a la iglesia más por costumbre que por conciencia. «Mi pueblo viene a ti, como suele hacerlo, y se sienta ante ti para escuchar tus palabras, pero no las pone en práctica. Con sus bocas expresan devoción, pero sus corazones están ávidos de ganancias injustas. En efecto, para ellos no eres más que uno que canta canciones de amor con una hermosa voz y toca bien un instrumento, porque oyen tus palabras, pero no las ponen en práctica» (Ezequiel 33:31-32).

Si pudiéramos hablarles de una rica compra, o de algún lugar de avance mundano, asistirían diligentemente; pero cuando se predica la Palabra de vida, la desatienden.

(2.) Cuán lejos están de ofrecerse violencia a sí mismos al escuchar, quienes vienen a la Palabra de una manera aburrida y somnolienta, como si vinieran a la iglesia con el propósito de dormir. La Palabra es para alimentarnos; es extraño dormir en la mesa. La Palabra juzga a los hombres; es extraño que un prisionero se duerma en el momento de su sentencia. A tales oyentes somnolientos Dios puede decirles: «¡sigue durmiendo!». Puede permitir que se queden tan estupefactos, que ninguna ordenanza les sirva: (Mat. 3:25) «Mientras los hombres dormían, vino su enemigo y sembró cizaña». El diablo nunca duerme, sino que siembra la cizaña del pecado en un oyente adormecido.

II. Para que, cuando nos acerquemos a la Palabra, nos ofrezcamos violencia a nosotros mismos, y nos incitemos a escuchar con devoción, considera, que es Dios mismo quien nos habla.

(1.) ¡Es Dios mismo quien nos habla!

Si un juez da un veredicto en el banquillo, todos escuchan. Si un rey habla, todos prestan atención. Cuando nos acercamos a la Palabra, debemos pensar así con nosotros mismos: debemos oír a Dios en este predicador. Por eso se dice que Cristo nos habla desde el cielo (Heb. 12:25).

Cristo habla en sus ministros, como un rey habla en la

persona de su embajador. Cuando Samuel supo que era el Señor quien le hablaba, prestó oído, (2. Sam. 3:5) «¡Habla Señor, tu siervo escucha!» Los que desprecian a Dios hablando en su Palabra, le oirán hablar en su ira, (Salmo 2:5) «¡Entonces les hablará en su ira!», «¡Apartaos de mí, malditos, al fuego eterno preparado para el diablo y sus ángeles!» (Mateo 25:41).

(2.) Consideremos la importancia de los asuntos que se nos entregan.

Como dijo Moisés a Israel, (Deut. 30:19), «Llamo al cielo y a la tierra para que registren hoy que he puesto ante vosotros la vida y la muerte». Predicamos a los hombres de Cristo y de las recompensas eternas; aquí están los asuntos de peso de la ley; ¿y no reclama todo esto una seria atención? Hay una gran diferencia entre una noticia común que se nos lee, y una carta de asuntos personales, en la que están en juego toda nuestra tierra y nuestro patrimonio. En la Palabra predicada está en juego nuestra salvación eterna; aquí estamos instruido para el reino de Dios, y si alguna vez vamos a ser serios, debería ser ahora. (Deut. 37:47) «No es una cosa vana para ti, porque es tu vida».

(3.) Si la Palabra no es considerada, no será recordada.

Muchos se quejan de que no pueden recordar; aquí está la razón, Dios castiga su descuido al escuchar-con el olvido. Él permite que Satanás les quite la Palabra, (Mat. 13:4) «Vinieron las aves del cielo y devoraron la semilla». El Diablo siempre viene a la iglesia, pero no es con ninguna buena intención; les quita la Palabra a los hombres. ¡Cuántos han sido robados del sermón y de sus almas a la vez!

(4.) Puede ser la última vez que Dios nos hable en su Palabra.

Puede ser el último sermón que escuchemos; y podemos ir del lugar de escuchar al lugar de condenar. Si la gente pensara así cuando entra en la casa de Dios: «tal vez ésta sea la última vez que Dios nos aconseje acerca de nuestras almas, tal vez ésta sea la última vez que veamos el rostro de nuestro ministro que con devoción vendrían; cómo arderían sus afectos al escuchar». Prestamos gran atención a los últimos discursos de los amigos. Las palabras moribundas de un padre son recibidas como oráculos. Oh, que todo esto nos provoque diligencia en el oír; pensemos que ésta puede ser la última vez que la campana de Aarón suene en nuestros oídos, y que antes de otro día estaremos en otro mundo.

V

Ofrecer violencia mediante la oración

El tercer deber en el que debemos ofrecernos violencia a nosotros mismos, es en la oración.

La oración es un deber que mantiene el comercio de la piedad. Cuando nos unimos a la oración con otros, o rezamos a solas, debemos usar la santa violencia. La oración no es elocuente, sino que la violencia la lleva, la oración *pura y ferviente*.

Teodoro, hablando de Lutero, «una vez (dice él) escuché a Lutero en oración: ¡con qué vida y espíritu oraba! Era con tanta reverencia, como si hablara con Dios, pero con tanta confianza, como si hablara con su amigo».

I. Debe haber una agitación del corazón,

> *1. A la oración.*

> *2. En la oración.*

1. Debe haber una agitación del corazón a la oración.

«Si preparas tu corazón, y extiendes tus manos hacia él» (Job 11:13). Esta preparación de nuestro corazón mediante pensamientos y jaculatorias santas. El músico primero afina su instrumento, antes de tocar.

2. Debe haber una agitación del corazón en la oración.

La oración es una elevación de la mente y el alma a

Dios, que no puede hacerse correctamente sin ofrecer violencia a uno mismo. Los nombres dados a la oración implican violencia. Se le llama *lucha*, (Génesis 32:24), y *derramamiento del alma*, (1 Sam. 1:15); ambos implican vehemencia. Se requiere el afecto, así como la invención. El apóstol habla de una oración ferviente y eficaz, que es una frase paralela a ofrecer violencia.

(1.) ¡Ay, qué lejos están de ofrecerse violencia a sí mismos en la oración los que dan a Dios una oración muerta y sin corazón! Dios no quiere que se ofrezca al ciego, (Mal. 1:8); tan bueno es ofrecer al ciego como ofrecer al muerto. Algunos están medio dormidos cuando oran, y ¿despertará alguna vez a Dios una oración somnolienta? Los que no tienen en cuenta sus propias oraciones, ¿cómo piensan que Dios debería tenerlas en cuenta? Las oraciones que más le gustan a Dios son las que salen ardientes del corazón.

(2.) ¡Ay, qué lejos están de ofrecer violencia los que dan a Dios una oración distraída; ¡mientras oran, están pensando en su tienda y en su comercio! ¿Cómo puede disparar bien quien tiene el ojo desviado? (Ez. 33:31) «Su corazón va tras su codicia». Muchos echan cuentas en la oración, como se quejó una vez *Jerónimo* de sí mismo: «En ocasiones cuando estoy orando, deambulo por los pórticos, o pienso en las deudas o las cuentas, o soy arrastrado por pensamientos vanos, la mera mención de que he albergado estas cosas, me avergüenza profundamente».

¿Cómo puede Dios complacerse en esto? ¿Tolerará un rey que, mientras su súbdito le entrega una petición y le habla, esté jugando con una pluma? Cuando enviamos nuestros corazones al cielo, ¿cuántas veces merodean y juegan por el camino? Esto es un asunto que nos ruboriza.

II. Para que ofrezcamos violencia a nosotros mismos, y por medio del fervor emplumemos el ala de la oración, que estas cosas sean debidamente sopesadas.

(1.) La majestuosidad de Dios con quien tenemos que ver.

Él ve cómo es con nosotros en la oración, si estamos profundamente afectados con aquellas cosas por las que oramos. «El rey entró a ver a los invitados» (Mat. 22:11). Así que cuando vamos a orar, el Rey de la gloria entra para ver en qué estado estamos; tiene una ventana que mira a nuestros pechos, y si ve un corazón muerto, puede hacer oídos sordos. Nada hará arder más la ira de Dios que una oración fría.

(2.) La oración sin fervor y violencia no es oración; es hablar, no orar.

La oración sin vida no es más oración que la imagen de un hombre es un hombre. Decir una oración, no es rezar; *Ashanius* enseñó a su loro el Padre Nuestro. San Ambrosio enseño: «Lo que le da nombre y cristianiza un deber es la vida y el afecto», «y vuestros afectos internos le dan nombre a vuestros afectos externos». Es la violencia y el forcejeo de los afectos lo que hace que sea una oración, si no, no es una oración.

(3.) El celo y la violencia de los afectos en la oración son los que mejor se adaptan a la naturaleza de Dios.

Él es un espíritu, (Juan 4:24), y seguramente esa oración que está llena de vida y espíritu es el alimento sabroso que él ama, (1 Pedro 2:5) «Sacrificios espirituales aceptables a Dios». La espiritualidad y el fervor en el deber son como el «aqua vitae», es como los espíritus del vino, que son la parte más refinada del vino. El ejercicio corporal no aprovecha nada (1 Timoteo 4:8). No es el estiramiento de los pulmones, sino la vehemencia del deseo, lo que hace música en los oídos de Dios (Ef. 5:19-20).

(4.) Considera la necesidad que tenemos de las cosas que pedimos en la oración.

Venimos a pedir el favor de Dios; y si no tenemos su amor, todo lo que disfrutamos está maldito para nosotros. Pedimos que nuestras almas sean lavadas en la sangre de Cristo, y si no nos lava, «no tenemos parte en él». Tales son estas misericordias que, si Dios nos las niega, quedamos para siempre deshechos. Por lo tanto, qué violencia debemos poner en la oración. ¿Cuándo será sincero un hombre, si no es cuando está rogando por su vida?

(5.) Provoquemos violencia en la oración, para considerar que aquellas cosas que pedimos.

Dios tiene la intención de concederlas. Si un hijo no pide más que lo que su padre está dispuesto a conceder, puede ser más sincero en su demanda. Acudimos a Dios para que nos perdone los pecados, y no hay obra más agradable para él que sellar los perdones. *La misericordia es su delicia,* (Miqueas 7:18). Pedimos a Dios un corazón santo, y esta oración es conforme a su voluntad, (1 Tes. 4:3) «Esta es la voluntad de Dios, vuestra santificación». Oramos para que Dios nos dé un corazón para amarlo.

¡Qué agradable debe ser esta petición para Dios! Esto, si acaso, puede excitar la oración, y llevarla en un carro de fuego hasta el cielo, cuando sabemos que no pedimos más que lo que Dios está más dispuesto a conceder que nosotros a pedir.

No se nos puede conceder misericordia si no es a través de la oración. La misericordia es comprada por la sangre de Cristo, pero es transmitida por la oración. Todas las promesas son vínculos que se nos hacen; pero la oración pone estos vínculos en juego. El Señor le dijo a Israel con qué rica misericordia los iba a envolver; los llevaría a su país natal, y eso con corazones nuevos, (Ezequiel 36).

Sin embargo, este árbol de la promesa no dejaría caer sus frutos, hasta ser sacudido con la mano de la oración, (v. 67). Porque, «todo esto será aún inquirido». El pecho de la misericordia de Dios está lleno; pero la oración debe sacar el pecho. Ciertamente, si todos los otros caminos están bloqueados, no hay bien que hacer sin la oración; cómo entonces debemos manejar este remo, y con una santa violencia agitarnos para agarrarnos de Dios.

(6.) Sólo la violencia y la intensidad de espíritu en la oración tienen la promesa de la misericordia.

«Golpea y se te abrirá» (Mateo 7:7). Golpear es un movimiento violento. Los ediles entre los romanos tenían sus puertas siempre abiertas, para que todos los que tenían peticiones pudieran tener libre acceso a ellas. El corazón de Dios está siempre abierto a la oración ferviente. Por lo tanto, encendamos nuestro celo y oremos con Cristo aún más fervientemente. La violencia en la oración es lo que hace que las puertas del cielo se abran de par en par, y atrae cualquier misericordia que necesitemos.

III. Dios da un gran rendimiento a la oración violenta.

Dios da grandes respuestas a la oración violenta. «Nadie se acercó a Dios, sino aquel que lo hizo de manera suplicante». La paloma enviada al cielo ha traído a menudo una hoja de olivo en su boca: (Salmo 34:6) «Este pobre hombre clamó, y el Señor lo escuchó». La oración que clama prevalece.

Daniel en el foso oró y prevaleció. La oración cerró la boca del león y abrió el foso. Tertuliano escribe sobre esto «Con nuestros vehementes ruegos al cielo alcanzamos de Dios la misericordia». La oración ferviente (dice uno) tiene una especie de omnipotencia en ella. Sozomeno dijo de Apolonio que nunca pidió nada a Dios en toda su vida que no obtuviera. Sleidan cuenta de Lutero, que percibiendo que el interés de la piedad era bajo, se entregó a la oración; al final, levantándose de sus rodillas, salió triunfante de su armario, diciendo a sus amigos: «¡Hemos vencido; hemos vencido!». En ese momento se observó que salió una proclamación de Carlos V, de que nadie debía ser molestado por la profesión del evangelio. Cómo puede esto animarnos y hacernos izar las velas de la oración cuando otros santos han tenido tan buenos resultados en la tierra santa.

(1.) Para que podamos ejercer esta santa violencia en la oración, es necesario que haya un principio de gracia renovado. Si la persona no tiene gracia, no es de extrañar que la oración no tenga corazón. El cuerpo mientras está muerto no tiene calor en él: mientras un hombre está muerto en el pecado, no puede tener calor en el deber.

(2.) Para que seamos más violentos en la oración, es bueno orar con un sentido de nuestras necesidades. Un mendigo que se siente pellizcado por la pobreza, será sincero en pedir

limosna. Cristiano, revisa tus necesidades; necesitas una humilde y espiritual de corazón; necesitas la luz del rostro de Dios; el sentido de la necesidad acelerará la oración. No puede orar fervientemente quien no ora con sentimiento. Cuánta urgencia tenía Sansón por el agua cuando estaba a punto de morir, (Jueces 15:18) «¡Muero de sed!».

(3.) Si queremos ser violentos en la oración, pidamos un viento violento. El Espíritu de Dios se asemeja a un poderoso viento que corre (Hechos 2:2). Entonces somos violentos, cuando este viento bendito llena nuestras velas, (Judas 20) «Orar en el Espíritu Santo». Si hay fuego en nuestro sacrificio, desciende del cielo.

VI

Ofrecer violencia por medio de la meditación

El cuarto deber en el que debemos ofrecer violencia a nosotros mismos es la meditación.

Este es un deber en el que se encuentra el corazón mismo y la sangre vital de la piedad. La meditación puede describirse así: es un ejercicio sagrado de la mente, por el cual traemos a la memoria las verdades de Dios, las meditamos seriamente y las aplicamos a nosotros mismos. En la meditación hay dos cosas:

(1.) Un cristiano se retira de sí mismo, se encierra del mundo. La meditación es un trabajo que no se puede hacer en una multitud.

(2.) Es un pensamiento serio sobre Dios. No se trata de unos pocos pensamientos transitorios que se desvanecen rápidamente, sino de una fijación y permanencia de la mente en los objetos celestiales: esto no puede hacerse sin excitar todos los poderes de nuestras almas, y ofrecer violencia a nosotros mismos.

I. Debemos provocarnos a nosotros mismos a este deber, porque:

(1.) La meditación es tan cruzada para la carne y la sangre.

Naturalmente evitamos la meditación sagrada. Meditar en cosas mundanas y seculares, aunque sea todo el día, lo podemos hacer sin ninguna dificultad; pero tener nuestros pensamientos fijos en Dios, ¿cuán difícil nos resulta? ¿Cómo se resiste nuestro corazón a este deber? ¿Qué excusas tenemos para aplazarlo? La aversión natural a este deber muestra que debemos ofrecernos violencia a nosotros mismos en él.

(2.) Satanás hace lo que puede para obstaculizar este deber.

Es un enemigo de la meditación. Al diablo no le importa cuánto leamos, siempre que no meditemos en lo que leemos. La lectura engendra conocimiento, pero la meditación engendra la devoción. La meditación estabiliza el corazón y lo hace serio, mientras que Satanás trabaja para evitar que el corazón sea serio. ¿Qué necesidad hay, pues, de violentarnos en este deber?

II. Los asuntos sobre los que debemos meditar.

Me parece oír que algunos dicen que cuando se sientan solos no saben qué meditar. Por lo tanto, les proporcionaré materia para la meditación.

(1.) Medita seriamente sobre la corrupción de tu naturaleza.

Hemos perdido ese marco puro y santo del alma que una vez tuvimos. Hay un mar de pecado en nosotros. Nuestra naturaleza es la fuente y el seminario de todo el mal. Es como la sábana de Pedro, en la que había «bestias salvajes y reptiles», (Hechos 10:12). Este pecado se adhiere a nosotros como una lepra. Esta contaminación original nos hace culpables ante el Señor; y aunque nunca cometamos un pecado real, merece el infierno.

La meditación de esto sería un medio para derribar nuestro orgullo. Es más, incluso los que tienen la gracia tienen motivos para caminar con humildad porque tienen más corrupción en ellos que gracia: su lado oscuro es más amplio que su luz.

(2.) Medita seriamente sobre la muerte y la pasión de Cristo.

Bernardo de Claraval escribe: «Agujerearon Sus manos y pies, atravesaron Su costado con una lanza. Y a través de estas hendiduras puedo libar miel silvestre y aceite de rocas de pedernal, es decir, puedo gustar y ver qué bueno es el Señor».

Su alma se cubrió con una nube de dolor cuando estaba en conflicto con la ira de su Padre; y todo esto lo deberíamos haber sufrido nosotros mismos, (Isaías 53:5). «Fue herido por nuestras transgresiones». Como dijo David: «He aquí, yo he pecado; pero estas ovejas, ¿qué han hecho?» (2 Sam. 24:17). Así que hemos pecado; pero este Cordero de Dios, ¿qué había hecho?

(1) La meditación seria de esto produciría arrepentimiento. ¿Cómo podríamos mirar a aquel «a quien hemos traspasado», y no llorar por él? Cuando consideramos lo caro que le costaron nuestros pecados a Cristo; ¿cómo podríamos derramar la sangre de nuestros pecados que derramaron la sangre de Cristo?

(2) La meditación de la muerte de Cristo encendería nuestros corazones con amor a Cristo. ¿A qué amigo vamos a amar, sino a aquel que murió por nosotros? Su amor por nosotros le hizo ser cruel consigo mismo. Como dijo Rebeca a Jacob, (Gn. 27:13) «Sobre mí, sea tu maldición». Así dijo Cristo: «Sobre mí, sea tu maldición», para que los pobres pecadores hereden la bendición.

(3.) Medita en tus evidencias para el cielo.

¿Qué tienes que mostrar para el cielo, si mueres esta noche?

(1) ¿Estuvo alguna vez tu corazón completamente convencido del pecado? ¿Te has visto alguna vez perdido sin Cristo? La convicción es el primer paso para la conversión, (Juan 8:16).

(2) ¿Ha hecho Dios que estés dispuesto a aceptar a Cristo en sus propios términos? (Zacarías 6:13) «Será sacerdote en su trono». ¿Estás dispuesto a que Cristo esté en el trono de tu corazón para gobernarte, así como un sacerdote en el altar para interceder por ti? ¿Estás dispuesto a renunciar a esos pecados a los que el sesgo de tu corazón se inclina naturalmente? ¿Puedes poner esos pecados, como Urías, en la vanguardia de la batalla para que sean asesinados?

(3) ¿Estás dispuesto a tomar a Cristo en las buenas y en las malas? ¿a tomarlo con su cruz, y a avalar a Cristo en los peores momentos? ¿Tienes la presencia del Espíritu que mora en ti? Si la tienes, ¿qué ha hecho el Espíritu de Dios en ti? ¿Te ha hecho de otro espíritu? ¿Manso, misericordioso, humilde? ¿Es un Espíritu transformador? ¿Ha dejado la huella de su santidad en ti? Estas son buenas evidencias para el Cielo. Por ellas, como por una piedra de toque espiritual, puedes saber si tienes gracia o no. Ten cuidado con las falsas evidencias. Nadie está más lejos de tener la verdadera perla, que aquellos que se contentan con la falsa.

(4.) Medita sobre la incertidumbre de todas las comodidades terrenales.

Los deleites de las criaturas tienen su flujo y reflujo. Cuántas veces el sol de la pompa y la grandeza mundanas se pone al mediodía. Jerjes se vio obligado a huir en una pequeña nave, cuando poco antes carecía de espacio marítimo para su armada. Decimos que todo es mutable; pero ¿quién lo medita? El mundo se asemeja a «un mar de cristal mezclado con fuego», (Apocalipsis 15:2).

El vidrio es resbaladizo; no tiene un pie seguro; y el vidrio mezclado con fuego está sujeto a consumirse. Todas las criaturas son fluidas e inciertas, y no se pueden fijar. ¿Qué ha sido de la gloria de Atenas, de la pompa de Troya? (1 Juan 2:17) «El mundo pasa». Se desliza como un barco a toda vela. ¿Con qué rapidez se altera la escena? ¿Y un reflujo bajo sigue a una marea alta? No hay que fiarse de nada. La salud puede convertirse en enfermedad; los amigos pueden morir; las riquezas pueden tomar alas. Siempre estamos en el trópico. La meditación seria de esto, haría,

> *(1) Que no nos dejemos engañar tanto por el mundo.* Estamos dispuestos a establecer nuestro descanso aquí, (Salmo 44:11) «Su pensamiento interior es que sus casas continuarán para siempre». Somos propensos a pensar que nuestra montaña se mantiene firme. Soñamos con una eternidad terrenal. Ay, si quisiéramos meditar en lo casual e incierto de estas cosas, no deberíamos engañarnos tan a menudo. ¿No hemos tenido grandes desengaños; ¿y donde hemos creído chupar miel, allí no hemos bebido ajenjo?

(2) La meditación de la incertidumbre de todas las cosas bajo el sol, *moderaría mucho nuestros afectos hacia ellas*. ¿Por qué hemos de perseguir con tanto afán una incertidumbre? Muchos se empeñan en conseguir una gran propiedad; no es seguro que la conserven. El fuego puede irrumpir donde el ladrón no puede: o si la conservan, es una cuestión de si tendrán la comodidad de ella. Se acumulan para un niño; ese niño puede morir; o si vive, puede resultar una carga. Esto, meditado seriamente, curaría la hinchazón de la codicia; y nos haría desprendernos de lo que cuelga tan suelto y está a punto de caer de nosotros.

(3) La meditación de esta incertidumbre *nos haría buscar una certeza:* es decir, la obtención de la gracia. Esta santa «unción permanece», (1 Juan 2:27). La gracia es una flor de la eternidad. Séneca escribe:

> «Nunca el noble valor es conducido a las sombras estigias. Vivid con valentía y los hados crueles no podrán arrastraros por los ríos leteos, sino que, al consumirse vuestros días y llegar a la última hora, la gloria os abrirá camino hacia los dioses de allá arriba».

La muerte no destruye la gracia, sino que la trasplanta y la hace crecer en un terreno mejor. Quien tiene la verdadera santidad no puede perderla más que los ángeles, que son estrellas fijas en la gloria.

(5.) Medita en la severidad de Dios contra el pecado.

Cada flecha en la aljaba de Dios se dispara contra el pecado. El pecado quemó a Sodoma y ahogó al viejo mundo. El pecado enciende el infierno. Si cuando una chispa de la ira de Dios vuela en la conciencia de un hombre, es tan terrible, ¿qué es cuando Dios «despierta toda su ira»? (Salmo 78:38). La meditación de esto nos espantaría de nuestros pecados. No puede haber tanta dulzura en el pecado como aguijón. ¡Qué terrible es la ira de Dios! (Salmo 90:11) «¿Quién conoce el poder de su ira?» Todo fuego, comparado con el fuego de la ira de Dios, no es más que un fuego pintado e imaginario. Oh, que cada vez que nos metemos en el pecado, pensáramos para nosotros mismos que elegimos la zarza, y el fuego saldrá de esta zarza para devorarnos.

(6.) Medita sobre la vida eterna.

«Esta es su promesa, la vida eterna» (1 Juan 2:25). *La vida es dulce, y esta palabra eterna la hace más dulce.* Esto se encuentra en la visión y fruición inmediata de Dios.

(1) Esta es una vida espiritual. Es opuesta a la vida animal que vivimos ahora. Aquí tenemos hambre y sed; pero allí «ya no tendremos hambre» (Apocalipsis 7:16). Está la cena de las bodas del Cordero, que no sólo satisfará el hambre, sino que la evitará. Esa vida bendita que ha de venir no consiste en deleites sensuales, comida, bebida y música; ni en el consuelo de las relaciones; sino que el alma será totalmente absorbida por Dios, y consentirá en él con infinito deleite. Como cuando aparece el sol, las estrellas se desvanecen, así cuando Dios aparezca en su gloria y llene el alma, entonces todos los deleites sensibles terrenales se desvanecerán.

(2) Es una vida gloriosa. Los cuerpos de los santos serán esmaltados de gloria: serán hechos como el cuerpo glorioso de Cristo, (Fil. 3:21). Y si el gabinete es de tan curiosa labor de aguja, ¡cuán rica será la joya que se ponga en él! ¡cuán salpicada de gloria estará el alma! Cada santo

llevará su manto blanco, y tendrá su trono para sentarse. Entonces Dios pondrá algo de su propia gloria sobre los santos. La gloria no sólo se revelará a ellos, sino en ellos (Romanos 8:18).

Claraval escribe: «la gloria no solo estará presente, sino que estará adentro». Y esta vida de gloria será coronada con la eternidad; ¡qué ángel puede expresarlo! Meditemos a menudo en esto.

III. Beneficios de la meditación espiritual.

(1.) Nos entrega un sentido apropiado de la vida.

La meditación sobre la vida eterna nos haría trabajar por una vida espiritual. El niño debe nacer antes de ser coronado. Debemos nacer del Espíritu, antes de ser coronados de gloria. La meditación sobre la vida eterna nos reconforta respecto a la brevedad de la vida natural. La vida que vivimos ahora, vuela como una sombra: es llamada una flor (Salmo 103:15), un vapor (Santiago 4:14).

Job expone muy elegantemente la vida frágil en tres de los elementos, tierra, agua y aire (Job 9:25-26). Ve a la tierra, y allí la vida del hombre es como un veloz corredor. Ve al agua, y allí la vida del hombre es como un barco a vela. Mira al aire, y allí la vida del hombre es como un águila que vuela. Nos apresuramos hacia la tumba. Cuando nuestros años aumentan, nuestra vida disminuye. Séneca escribe: «morimos cada día; cada día, en efecto, se nos arrebata una parte de la vida y aun en su mismo periodo de crecimiento decrece la vida».

La muerte se arrastra sobre nosotros por grados. Cuando nuestra vista se oscurece, allí la muerte se arrastra por el ojo. Cuando nuestro oído es malo, la muerte se arrastra en el oído. Cuando nos tiemblan las piernas, la muerte derriba los pilares principales de la casa: pero la vida eterna nos consuela contra la brevedad de la vida natural. La vida futura no está sujeta a ninguna enfermedad; no tiene fin. Seremos como los ángeles de Dios, sin posibilidad de mutación ni de cambio. Así has visto seis temas nobles para que tus pensamientos se explayen.

Pero, ¿dónde está el cristiano que medita? Lamento la falta de meditación santa. La mayoría de la gente vive apurada; está tan distraída con las preocupaciones del mundo, que no encuentra tiempo para meditar o apenas se pregunta cómo está su alma. No somos como los santos de épocas anteriores. David meditaba en los preceptos de Dios (Salmo 119:15).

Isaac caminaba al atardecer para meditar (Gn. 24:63), se paseó con Dios. ¿Qué meditaciones devotas leemos en Agustín y Anselmo? Pero está muy desfasado entre nuestros profesores modernos, como Ovidio escribe: «la piedad yacía desvanecida y la doncella Astrea, la última de las inmortales, abandonó la tierra empapada de sangre».

Los animales que, según la ley, no rumiaban, eran impuros. Los que no mastican el bolo alimenticio por medio de la santa meditación deben ser considerados entre los impuros. Pero más bien convertiré mi lamento en una persuasión, rogando a los cristianos que se ofrezcan a sí mismos la violencia de este deber necesario de meditación. Pitágoras se aisló de toda sociedad, y vivió en una cueva durante todo un año, para poder meditar sobre la filosofía. Cómo deberíamos entonces retirarnos y encerrarnos al menos una vez al día, para poder meditar sobre la gloria.

(2.) Cómo nos beneficia la palabra predicada.

(1) La meditación hace que la Palabra predicada sea provechosa; la trabaja en la conciencia. Como la abeja chupa la miel de la flor, así por la meditación chupamos la dulzura de una verdad. No es la recepción del alimento en la boca, sino la digestión del mismo lo que lo hace nutritivo. Así, no es la recepción de las verdades más excelentes en el oído, lo que nutre nuestras almas, sino la digestión de ellas por la meditación. El vino que se vierte en un colador, se escurre. Muchas verdades se pierden, porque los ministros vierten su vino en tamices, ya sea en memorias que gotean o en mentes plumosas. La meditación es como una lluvia empapada, que va a la raíz del árbol, y lo hace fructificar.

(2) La santa meditación aviva los afectos. «¡Oh, cómo amo tu ley!, en ella medito todo el día» (Salmo 119:97). La razón por la cual nuestros afectos son tan fríos para las cosas celestiales, es porque no los calentamos al fuego de la santa meditación. Así como la meditación de los objetos mundanos hace arder el fuego de la lujuria; la meditación de las injurias hace arder el fuego de la venganza; así también, meditar en las bellezas trascendentes de Cristo, haría arder nuestro amor a Cristo.

(3.) Nos transforma.

(1) La meditación tiene un poder transformador. La escucha de la palabra puede afectarnos, pero meditarla nos transforma. La meditación imprime la impresión de las verdades divinas en nuestros corazones. Al meditar en la santidad de Dios, nos volvemos santos. Como el ganado de Jacob, al mirar

las varas, se concibió como las varas: así, mientras meditamos en la pureza de Dios, somos cambiados a su semejanza y somos hechos partícipes de su naturaleza divina.

(2) La meditación produce la reforma. (Salmo 119:59) «He considerado mis caminos y he vuelto mis pasos a tus estatutos». Si la gente meditara en lo condenable del pecado, se daría cuenta de que hay una cuerda al final del mismo, que los colgará eternamente en el infierno; dejarían de pecar y se convertirían en nuevas criaturas. Que todo esto nos persuada a la santa meditación. Me atrevo a decir que, si los hombres dedicaran sólo un cuarto de hora cada día a contemplar los objetos celestiales, esto dejaría una poderosa impresión en ellos y, mediante la bendición de Dios, podría ser el comienzo de una feliz conversión.

Pero, ¿cómo podremos meditar?

Consigue un amor por las cosas espirituales. Solemos meditar sobre las cosas que amamos. El hombre voluptuoso puede meditar en sus placeres; el codicioso en sus bolsas de oro. Si amáramos las cosas celestiales, meditaríamos más en ellas. Muchos dicen que no pueden meditar, porque les falta memoria; pero ¿no es más bien porque les falta amor? Si amaran las cosas de Dios, las harían su estudio y meditación continuos.

El cielo tomado por la tormenta

VII

Ofrecer violencia mediante el autoexamen

El quinto deber en el que debemos ofrecer violencia a nosotros mismos, es el autoexamen.

«Examinaos a vosotros mismos para ver si estáis en la fe; poneos a prueba. ¿No os dais cuenta de que Cristo Jesús está en vosotros, a menos que, por supuesto, no pases la prueba?» (2 corintios 13:5).

Este es un deber de gran importancia: es un parlamento con el propio corazón, (Salmo 87:7) «Me comunico con mi propio corazón». David se interrogó a sí mismo. El autoexamen es el establecimiento de un tribunal, en la conciencia y el mantenimiento de un registro allí, para que mediante un estricto escrutinio un hombre pueda saber cómo están las cosas entre Dios y su propia alma. El autoexamen es una inquisición espiritual; es llevar a uno mismo a juicio. Un buen cristiano hace por así decirlo, comenzar el día del Juicio aquí en su propia alma.

La autoexploración es una anatomía del corazón. Como un cirujano, cuando hace una disección en el cuerpo, descubre las partes internas, el corazón, el hígado y las arterias, así un cristiano se anatomiza a sí mismo; busca lo que es carne y lo que es espíritu; lo que es pecado y lo que es gracia, (Salmo 72:7) «Mi espíritu hizo una búsqueda diligente». Como la mujer del Evangelio encendió una vela y buscó su moneda perdida, (Lucas 15:8), así la conciencia «es la vela del Señor», (Proverbios 20:27). El cristiano, a la luz de esta vela, debe escudriñar su alma para ver si encuentra alguna gracia en ella.

La regla por la que un cristiano debe probarse a sí mismo, es la Palabra de Dios. El sentimentalismo y la opinión pública son reglas falsas. Debemos juzgar nuestra condición espiritual por la regla de las Escrituras. David la llama «lámpara para sus pies», (Salmo 119:105). Dejemos que la Palabra sea el árbitro que decida la controversia, si tenemos gracia o no. Juzgamos los colores por el sol. Así debemos juzgar el estado de las almas por la luz de la Escritura. El autoexamen es un deber grande y necesario (Lm. 3:40).

I. El autoexamen requiere automotivación.

El autoexamen es un deber grande y necesario; requiere autoestimulación; no es posible hacerlo sin ofrecer violencia a nosotros mismos.

(1.) Porque el deber del autoexamen es en sí mismo difícil.

Es un trabajo de autorreflexión; se encuentra más en el corazón. Es difícil mirar hacia adentro. Los actos externos de la religión son fáciles; levantar la vista al cielo, doblar la rodilla, leer una oración, esto no requiere más trabajo que el de un católico para contar sus cuentas; pero examinarse a sí mismo, volver sobre su propia alma, tomar el corazón como un reloj en pedazos, y ver lo que es defectuoso, esto no es fácil. Los *actos reflexivos* son los más difíciles. El ojo puede ver todo menos a sí mismo. Es fácil espiar las faltas de los demás, pero es difícil descubrir las propias.

(2.) El examen de uno mismo es difícil a causa del amor propio.

Así como la ignorancia ciega, el amor propio halaga.

Todo hombre está dispuesto a pensar lo mejor de sí mismo. Lo que Salomón dice del amor al prójimo es muy cierto del amor propio; «esconde multitud de pecados» (Proverbios 10:12). Cuando un hombre se mira a sí mismo en el espejo del amor propio, sus virtudes parecen mayores de lo que son, y sus pecados menores.

El amor propio hace que uno se excuse de lo que está mal, en lugar de examinarlo. Séneca comenta: «puesto que amamos nuestros vicios salimos en su defensa y preferimos excusarlos en lugar de erradicarlos del alma».

II. El autoexamen es difícil.

Como el examen es en sí mismo difícil, es un trabajo que nos apenas se ha llevado a cabo. Aquello que hace que la rebeldía se dirija a   autoexamen, es, conciencia de culpa.

(1.) Conciencia de culpa.

El pecado clama en el interior, y los hombres se resisten a mirar dentro de sus corazones para no encontrar lo que debería perturbarlos. Es poco placentero leer la escritura de la mano en la pared de la conciencia (Dn. 5:24-25).

Muchos cristianos son como los comerciantes que se hunden en sus bienes; se resisten a mirar sus libros, o a revisar sus cuentas, no sea que encuentren que sus bienes son bajos: así se resisten a mirar dentro de su corazón culpable, no sea que encuentren algo allí que los asuste; como Moisés se asustó al ver la vara convertida en serpiente.

(2.) Falsas esperanzas.

Los hombres apenas son llevados a este deber a causa de esperanzas necias y presuntuosas: se imaginan que su estado es bueno, y mientras se pesan en la balanza de la presunción, pasan la prueba. Muchos toman su salvación en confianza. Las vírgenes insensatas pensaban que tenían aceite en sus lámparas, lo mismo que las prudentes (Mt. 25). Algunos no están seguros de su salvación, sino seguros. Si uno fuera a comprar un terreno, no lo tomaría en confianza, sino que examinaría el título. Cuán seguros están algunos de la salvación, pero nunca examinan su título de propiedad del cielo.

(3.) Confianza excesiva en opiniones externas.

Los hombres no se atreven a examinarse a sí mismos, porque descansan en las buenas opiniones de los demás: ¡qué vano es esto! Ay, uno puede ser oro y perla a los ojos de los demás, pero Dios puede juzgarlo como plata reprobada. Otros pueden considerarlo un santo, y Dios puede anotarlo en su libro negro.

Judas era considerado por el resto de los apóstoles como un verdadero creyente, pero era un traidor. Los espectadores sólo pueden ver el comportamiento exterior, pero no pueden decir qué maldad hay en el corazón. En la parte superior de un río pueden correr buenas corrientes, pero en el fondo puede haber alimañas.

(4.) Incredulidad en las Escrituras.

Los hombres apenas se examinan a sí mismos, porque no creen en la Escritura. La Escritura dice: «El corazón es engañoso sobre todas las cosas y no tiene remedio. ¿Quién puede entenderlo?» (Jeremías 17:9). Salomón dijo que había cuatro cosas demasiado asombrosas para él, que no podía conocer. (Prov 30:19).

(5.) El camino del corazón del hombre.

El corazón es el mayor impostor; estará dispuesto a desechar a uno con una gracia aparente, en lugar de salvarlo. El corazón persuadirá que una lagrima leve es el arrepentimiento; el deseo perezoso es la fe. Ahora bien, como la generalidad de la gente no cree que haya tal falacia en sus corazones, por eso es tan lenta en examinarlos. Esta natural retaguardia en nosotros para la autorreflexión, debe hacer que nos ofrezcamos con mayor violencia a nosotros mismos para hacer una investigación y un escrutinio minucioso de nuestros corazones.

¡Ojalá pueda convencer a los cristianos de que se esmeren en esta gran labor de examen! Su salvación depende de ello. Es el camino de una ramera: rara vez está en casa, (Proverbios 7:11-12) «sus pies nunca se quedan en casa; ahora en la calle, ahora en las plazas, en cada esquina ella acecha». Es una señal de una ramera-profesora, estar siempre fuera, espiando las faltas de los demás; pero nunca está en casa con su propio corazón. ¡Oh, probemos nuestros corazones, como probamos el oro, por la piedra de toque!

III. Beneficios del autoexamen.

¡Examinemos nuestros pecados, y si encontramos esta levadura, quemémosla! ¡Examinemos nuestra gracia, para ver si es del tipo correcto! Uno fue al campo a recoger hierbas, y recogió calabazas silvestres, y entonces la muerte estaba en la olla, (2 Reyes 4:38-40).

Muchos piensan que tienen la gracia, la hierba correcta; pero resulta ser una calabaza silvestre, y trae muerte y condenación. Para que nos ofrezcamos violencia a nosotros mismos en este gran asunto del examen, sopesemos seriamente estas pocas cosas.

(1.) Sin un examen de conciencia, nunca podremos saber cómo estamos.

Si quisiéramos morir ahora, no podríamos saber hacia qué costa deberíamos navegar; si hacia el infierno o hacia el cielo. Se cuenta que Sócrates, cuando iba a salir del mundo, dijo lo siguiente: «Ahora voy a morir, y sólo los dioses saben si seré feliz o miserable». Aquel hombre que ignora el estado de su alma, debe necesariamente tener el temblor en el corazón, como Caín tuvo el temblor en su cuerpo. Mediante un serio escrutinio de nuestros corazones, llegamos a saber a qué príncipe pertenecemos, si al príncipe de la paz, o al príncipe de las tinieblas.

(2.) Si no nos examinamos a nosotros mismos, Dios nos examinará.

Nos examinará, como lo hizo el tribuno con Pablo, azotándolo, (Hechos 22:24). Hará la misma pregunta que Cristo: «¿De quién es esta imagen y esta inscripción?»

(Lc. 20:24). Y si no podemos mostrarle su propia imagen, nos rechazará.

(3.) El autoexamen nos muestra nuestra corrupción.

Hay una corrupción secreta en el interior, que nunca se descubrirá sino buscando. Como escribe Lapide: «No vemos que es lo que está en el fondo de nuestro corazón, tampoco los vicios que nos son secretos. Solo Dios los ve. Estas cosas debemos descubrirlas para nuestro propio bien, de otra manera seríamos corrompidos por nuestras intenciones perversas que permanecen ocultas».

«Hay en el corazón» (como dijo Agustín) «contaminación oculta». Cuando el mayordomo del Faraón acusó a los hermanos de José de tener la copa, se habrían atrevido a jurar que no tenían la copa en el saco. Poco sabe un hombre qué ateísmo secreto, orgullo y lujuria hay en su corazón hasta que lo busca.

(4.) La gran ventaja será para nosotros.

El beneficio es grande sea cual sea el rumbo que tomen las cosas. Si al examinarnos encontramos que no tenemos la gracia salvadora, entonces se descubre el error y se puede prevenir el peligro. Si descubrimos que tenemos la gracia salvadora, podemos tener el consuelo de ello. ¿Qué alegría tuvo el que «encontró la perla de gran precio»? (Mt. 13:45-46). Aquel que al buscarla encuentra que sólo tiene un grado mínimo de gracia, es como quien ha encontrado su caja de evidencias; es heredero de todas las promesas, y está en estado de salvación.

Y para que podamos avanzar más sucesivamente en esta obra, deseemos que Dios nos ayude a descubrir nuestro corazón, (Job 34:32) «Lo que no veo enséñamelo». Señor, quita el velo; muéstrame mi corazón; no permitas que perezca por error, ni que vaya al infierno con la esperanza del cielo. Agustín escribe: «por una y otra cosa peligran, pues los hombres, por esperar y por desesperar; cosas contrarias, sentimientos contrarios». «Examíname, oh Dios, y conoce mi corazón; pruébame y conoce mis pensamientos ansiosos. Mira si hay en mí algún camino de perversión, y guíame por el camino eterno». Salmo 139:23-24.

El cielo tomado por la tormenta

VIII

Ofrecer violencia mediante la santificación del día del Señor

El sexto deber en el que debemos ofrecernos violencia es la santificación religiosa de la fecha del Señor.

I. El reposo cristiano reemplaza al judío.

El hecho de que deba haber un día de descanso sagrado dedicado a Dios se desprende de su institución. Recuerde que debe santificar el día de reposo.

(1.) Nuestro día de reposo cristiano viene en las dependencias del día de reposo judío; se llama el día del Señor (Apocalipsis 1:10); de Cristo, el autor del mismo. Nuestro día de reposo es alterado por la propia designación de Cristo. Él se levantó este día de la tumba y se apareció en él a menudo a sus discípulos (1 Cor. 15:1-7).

«Les indicó a ellos»-dice Atanasio- «que transfieran el sábado al día del Señor». Y Agustín dice que por el hecho de que Cristo resucitó el primer día de la semana, éste fue consagrado para ser el día de reposo del Señor en recuerdo de su resurrección. También escribe: «El domingo fue preceptuado, no a los judíos, sino a los cristianos, por la razón de la resurrección del Señor, y desde ese momento comenzó a tener solemnidad».

(2.) Este día se llamaba antiguamente *dieslucis*, el día de la luz, como observa Junius. Los demás días de la semana estarían a oscuras si no fuera porque en este día brilla el

Sol de Justicia. Este día ha sido llamado por los antiguos, *regina,* dieron, la reina de los días. Y Jerónimo prefiere este día por encima de todas las fiestas solemnes.

(3.) La iglesia primitiva tenía este día en alta veneración. ¿Era una gran insignia de su religión, pues cuando se les preguntaba, *servants dominium?*, «¿Guardas el sábado?», la respuesta era, en suma cristiana: «Soy cristiano; no me atrevo a omitir la celebración del día del Señor».

¡Qué gran motivo tenemos para recordar con gratitud este día! Así como el beneficio de la liberación de Israel del cautiverio de Babilonia fue tan grande que ahogó el recuerdo de su liberación de Egipto (Jer. 16:14), así el beneficio de nuestra liberación del cautiverio de Satanás y la resurrección de Cristo después de terminar la gloriosa obra de nuestra redención son tan famosos que, con respecto a su otro beneficio, se reciben como en disminución.

Grande fue la palabra de la creación, pero mayor la obra de la redención. Costó más redimirnos que hacernos. En la primera sólo hubo el pronunciamiento de una palabra (Sal. 148:5); en la otra, el derramamiento de sangre (Heb. 9:22). La creación fue obra de los dedos de Dios (Sal. 8:3); la redención, obra de su brazo (Is. 40:11). En la creación Dios nos dio a nosotros mismos; en la redención se da a sí mismo. Así pues, el sábado, que nos recuerda nuestra redención, debe ser observado con la mayor devoción. En él debemos ofrecernos una santa violencia a nosotros mismos.

II. Deberes y obligaciones.

Cuando se acerca este bendito día, debemos esforzarnos para que, así como se santifica el día, se santifique nuestro corazón.

(1.) En este día debemos descansar de todos los trabajos de nuestra vocación.

Como Abraham, cuando fue a sacrificar, dejó a su siervo y a su asno al pie de la colina (Gn. 22:5), así cuando vamos a adorar a Dios en este día, debemos dejar todos los asuntos seculares. Y como José, cuando quería hablar con sus hermanos, echó a los egipcios, así cuando queremos conversar con Dios en este día, debemos echar fuera todos los empleos terrenales. Aunque se pueden hacer obras de necesidad y obras de caridad (porque Dios tendrá misericordia y no sacrificio), te en otros casos debemos cesar de todas las negociaciones mundanas.

Es observable en lo que concierne a Magdalena que ella se negó a ungir el cuerpo muerto de Cristo en el día de reposo (Lucas 23:56). Ella tenía el hombre preparado su ungüento, pero no acudió al sepulcro hasta que la unción del cuerpo muerto de Cristo fue una obra encomiable y gloriosa.

(2.) Cuando se acerque este bendito día, debemos elevar nuestros corazones en agradecimiento a Dios porque ha puesto en nuestras manos otro medio para obtener la sabiduría celestial. Estos son nuestros días de cosecha espiritual. El viento del Espíritu de Dios sopla sobre las velas de nuestros afectos y podemos ser llevados más lejos en nuestro viaje celestial. Cristiano, eleva tu corazón a Dios en agradecimiento por haberte dado otra temporada dorada. Asegúrese de mejorarla, puede ser la última. Las estaciones de gracia no son como la marea; si un hombre pierde una marea, puede tener otra.

(3.) Este día que se aproxima, debemos en la mañana vestirnos y preparar nuestras almas para la recepción de la palabra.

El pueblo de Israel tuvo que lavar sus vestimentas antes de que la ley les fuera entregada. Nuestros corazones deben ser lavados por la oración y el arrepentimiento antes de que se nos entreguen los oráculos de Dios. Y estando reunidos, debemos ponernos como en la presencia de Dios con seriedad y deleite para escuchar su sagrada Palabra. Cuídese de las distracciones que desvirtúan nuestros deberes.

(4.) Debemos esforzarnos por mejorar cada día del Señor.

Donde el Señor pone el coste, busca el fruto. Hay que tener sed de la fresca unción de Dios; hay que añadir nuevos codos a nuestra estatura espiritual. No debemos ser como la salamandra que vive en el fuego, pero nunca se calienta. Los cristianos deben aspirar en estos días a la comunión con Dios y esforzarse por tener la unción de su Espíritu y descubrimientos más claros de su amor en Cristo. En resumen, debemos hacer en el día de reposo lo mismo que Moisés; él subió al monte para poder tener una visión de Dios.

(5.) Debemos dedicar todo el día a Dios.

Bajo la ley se designaba un sacrificio único para otros días a Dios. Bajo la ley se designaba un solo sacrificio para otros días de la semana, pero el día de reposo debían ofrecerse dos corderos. Todo este día debe pasarse con Dios: Hay que adorarle en público; y cuando volvemos a casa, debemos tener un culto familiar. Muchos dejan toda su religión en la iglesia (como he visto que algunos hacen con sus Biblias), sin santificar el Nombre de Dios en sus propias casas. «¿Robará el hombre a Dios?» (Mal. 3:8).

Cuando el hombre pretende adorar a Dios en el templo, pero lo aleja de la familia y establece lazos en el día de reposo, esto es robarle a Dios y quitarle parte de su día. Otra buena razón por la que debemos consagrar todo el día de reposo cristiano a Dios y darle doble devoción es que Dios duplica sus bendiciones sobre nosotros en este día. Así como el maná llovió dos veces más en el sexto día que en cualquiera de los otros días, así el maná de las bendiciones espirituales cae dos veces más en el día sábado que en cualquier otro.

(6.) Debemos regocijarnos en este día por ser un día en el que disfrutamos mucho de la presencia de Dios.

«Abraham se regocijó al ver mi día» (Juan 8:56). Por lo tanto, cuando vemos que se acerca el día de reposo, debemos alegrarnos. Los protestantes en Francia llamaban a su iglesia el paraíso porque allí se reunían con Dios. Los judíos llamaban al sábado *desiderium dierum,* el deseo de los días. Llamarás al sábado «delicia» (Isa. 58:13).

Debemos considerarlo como el mejor día, como la reina de los días, coronado con una bendición. «Este es el día que ha hecho el Señor; nos alegraremos y gozaremos en él» (Sal. 118:24). Él ha hecho todos los días, pero ha santificado este día. Debemos considerar este día como un mercado espiritual para nuestras almas en el que tenemos un comercio y un tráfico sagrados con Dios.

Este día de descanso es el comienzo de un descanso eterno. En este día Dios abre el estanque de Betesda en el que fluyen esas aguas que refrescan el corazón roto. ¿Y no llamaremos a este día una delicia? Los judíos, en el día de reposo, se despojaron de su cilicio y de su luto.

Esto es una manera correcta de santificar un deber, y es un deber en el que los cristianos deben excitarse y ofrecerse violencia a sí mismos.

Por encima de todos los demás, ¿qué bien les sienta a aquellos en cuyas manos Dios ha puesto el poder de la magistratura mostrar una santa violencia al hacer que se observe estrictamente el día del Señor? ¡Qué patrones tan raros ha establecido Nehemías o todos los buenos magistrados! «En aquellos días vi en Judá a algunos que pisaban lagares en sábado, y traían gavillas... y toda clase de cargas, que traían a Jerusalén en día de reposo; y testifiqué contra ellos el día en que vendían víveres. Entonces discutí con los nobles de Judá y les dije: ¿Qué maldad es esta que hacen y profanan el día de reposo?» (Nehemías 13:15,17). ¿Cómo se atreven a infringir el mandamiento y a hacer una entrada falsa en la propiedad de Dios?

Mi señor, su proclamación a favor de la piadosa observación del sábado y sus actos punitivos sobre algunos infractores han dado un testimonio público de su celo por este día. El mantenimiento del testimonio de honor del sábado aumentará mucho nuestro honor magisterial.

IX

Ofreciendo violencia por medio de la conversación piadosa

El séptimo deber en el que debemos ofrecer violencia a nosotros mismos, es la *santa conversión*.

En efecto, estamos bastante atrasados para ello, por lo que teníamos necesidad de provocarnos, (Mal. 3:17) «Los que temían al Señor hablaban a menudo entre sí». Una persona bondadosa no sólo tiene piedad en su corazón, sino también en su lengua, (Salmo 37:30) «La ley de Dios está en su corazón, y su lengua habla de juicio»: deja caer palabras santas como perlas.

I. Las conversaciones piadosas son un deber.

La culpa de los cristianos es que, en compañía, no se provocan a sí mismos a hablar bien: es una modestia pecaminosa; hay muchas visitas, pero no se dan una visita a las almas de los demás. En las cosas mundanas, su lengua es como la pluma de un escritor presto; pero en asuntos de piedad, es como si su lengua se pegara al paladar. Así como debemos responder ante Dios por las palabras ociosas, así también por el silencio pecaminoso.

¡Oh, ofrezcamos violencia a nosotros mismos en esto, al iniciar un buen discurso! ¿Sobre qué deberían dilatar y expiar nuestras palabras sino sobre el Cielo? El mundo es una gran posada; nosotros somos huéspedes en esta posada. Los viajeros, cuando se encuentran en su posada, no gastan todo su tiempo en hablar de su posada; son para alojarse allí sólo unas horas, y se van; pero están hablando de su hogar, y del país donde están viajando. Así, cuando nos reunimos, no debemos hablar sólo del mundo; hemos de dejarlo pronto; sino que debemos hablar de nuestra patria celestial (Heb. 11:16).

II. Consideraciones para una conversación piadosa.

Para que nos provoquemos un buen discurso (pues no se hará sin algún tipo de violencia) sopesemos debidamente estas consideraciones.

(1.) Lo que sale de la boca refleja lo que hay en el corazón.

Claraval escribe: «A como es la lengua, así es comúnmente el corazón». «El hombre bueno saca lo bueno de lo bueno guardado en su corazón, y el hombre malo saca lo malo de lo malo guardado en su corazón. Porque del desbordamiento de su corazón habla su boca» (Lucas 6:45). El discurso demuestra lo que es el corazón. Así como el espejo muestra lo que es el rostro, ya sea bello o malo, así también nuestras palabras muestran lo que es nuestro corazón. El discurso vano revela un corazón liviano y plumoso. El discurso gracioso revela un corazón gracioso. El agua del conducto muestra lo que es el manantial.

(2.) El discurso piadoso es muy edificante.

El apóstol nos pide «edificarnos unos a otros» (Efesios 4:20). ¿Y cómo más que de esta manera? El discurso piadoso ilumina la mente cuando es ignorante; la asienta cuando es vacilante. Una buena vida adorna la piedad; el discurso piadoso la propaga.

(3.) El discurso con gracia nos hace parecernos a Cristo.

Sus palabras estaban perfumadas de santidad: «la gracia fue derramada en sus labios» (Salmo 45:2). Hablaba para la admiración de todos: sus manos hacían milagros y su lengua decía oráculos, (Lucas 4:22) «Todos le daban testimonio, y se maravillaban de las palabras de gracia que salían de su boca».

Cristo nunca entraba en ninguna compañía, sino que ponía en marcha un buen discurso. Leví le hizo una fiesta (Lucas 29), y Cristo lo agasajó con un discurso santo. Cuando llegó al pozo de Jacob, en seguida habla del «agua de la vida», (Judas 4). Cuanto más santo es nuestro discurso, más nos parecemos a Cristo. ¿No deberían los miembros ser como la cabeza?

(4.) Dios pone atención a nuestras conversaciones.

Dios se fija especialmente en cada una de las buenas palabras que pronunciamos cuando nos reunimos. «Entonces los que temían al Señor hablaban entre sí, y el Señor escuchaba y oía. En su presencia se escribió un pergamino de recuerdo sobre los que temían al Señor y honraban su nombre» (Malaquías 3:16).

Tamerlain, aquel capitán escita, tenía siempre a mano un libro de los nombres y las buenas acciones de sus siervos que recompensó generosamente. Como Dios tiene un frasco para las lágrimas de su pueblo, así tiene un libro en el que anota todas sus buenas intervenciones, y hará una mención honorable de ellas en el último día. «Que vuestra conversación esté siempre llena de gracia, sazonada con sal, para que sepáis responder a todos» (Colosenses 4:6).

(5.) Las conversaciones piadosas atraen a otros a Cristo.

El discurso sagrado será un medio para traer a Cristo a nuestra compañía. Los dos discípulos estaban hablando de la muerte y los sufrimientos de Cristo; y mientras hablaban, Jesucristo vino entre ellos, (Lucas 24:15) «Mientras comulgaban, el mismo Jesús se acercó y fue con ellos». Cuando los hombres tienen un mal discurso, Satanás se acerca, y se convierte en uno de la compañía; pero cuando tienen un discurso santo y de gracia, Jesucristo se acerca, y dondequiera que viene, trae una bendición con él. Hasta aquí la primera directiva: el ofrecimiento de violencia a nosotros mismos.

X
El cristiano que ofrece violencia a satanás

I. Satanás está en guerra contra nosotros.

Satanás se opone a nosotros tanto por la violencia abierta, como por la traición secreta. Satanás se opone con violencia abierta, por lo que se le llama el Dragón Rojo. Satanás se opone por medio de la traición secreta, por lo que se le llama la Vieja Serpiente. Leemos en la Escritura sobre sus trampas y sus dardos; hace más daño con sus trampas que con sus dardos.

(1.) Su violencia.

Trabaja para asaltar el castillo del corazón; despierta la pasión, la lujuria y la venganza. Estos son llamados «dardos ardientes», (Efesios 6:16), porque a menudo incendian el alma. A Satanás, por su ferocidad, se le llama león. Vuestro enemigo el diablo merodea como un león rugiente buscando a quien devorar» (1 Pedro 5:8). No a quien morder, sino a quien devorar.

(2.) Su traición.

Lo que no puede hacer por la fuerza, se esforzará por hacerlo por medio del fraude. Satanás tiene varias artimañas sutiles para tentar:

(1) Al adaptar sus tentaciones al temperamento del individuo. Satanás estudia nuestras constituciones y pone cebos adecuados. Conoció el corazón

codicioso de Acán, y lo tentó con una cuña de oro. Tienta al hombre joven con la lujuria.

(2) Otra de las sutilezas de Satanás, es atraer a los hombres al mal, bajo la pretensión del bien. El pirata hace daño colgando colores falsos; lo mismo hace Satanás colgando los colores de la religión. Él pone a algunos hombres en acciones pecaminosas, y los persuade de que mucho bien saldrá de ello. En algunos casos les dice que pueden prescindir de la regla de la Palabra, y estirar su conciencia más allá de esa línea, para que puedan estar en capacidad de hacer más servicio, como si Dios necesitara nuestro pecado para elevar su gloria.

(3) Satanás tienta a pecar gradualmente. Como el agricultor cavo alrededor de la raíz de un árbol, y por grados lo afloja, y al final cae. Satanás se introduce en el corazón por grados. Al principio es más modesto. No le dijo a Eva al principio: «¡Come la manzana!» No, sino que se pone a trabajar más sutilmente; plantea una pregunta. «¿Ha dicho Dios? Seguramente, Eva, te equivocas; el Dios generoso nunca quiso excluir uno de los mejores árboles del jardín. ¿Ha dicho Dios? Seguramente, o bien Dios no lo ha dicho; o bien, si lo ha dicho, nunca ha tenido la intención de hacerlo». Así, poco a poco, la hizo desconfiar de Dios, y entonces tomó del fruto y comió. Oh, tened cuidado con los primeros movimientos de Satanás para pecar, que parecen más modestos. Primero es una zorra y luego un león.

(4) Satanás tienta al mal en las cosas lícitas. A Noé le era lícito comer el fruto de la uva; pero tomó demasiado y pecó. El exceso convierte lo que es

bueno en malo. Comer y beber puede convertirse en intemperancia. La industria en la propia vocación, cuando es excesiva, se convierte en codicia. Satanás atrae a los hombres a un amor inmoderado por la criatura, y luego los hace pecar en lo que aman, como Agripina envenenó a su esposo Claudio en la comida que él más amaba.

(5) Satanás pone a los hombres a hacer el bien a partir de fines malvados. Si no puede perjudicarlos con acciones escandalosas, lo hará con acciones virtuosas. Así, tienta ah algunos ah abrazar la religión por motivos ulteriores; y a dar a la caridad, por el aplauso, para que otros vean sus buenas obras. Esta hipocresía hace que los deberes de la religión se diluyan y pierdan su recompensa.

(6) El Diablo persuade a los hombres al mal, por medio de los que son buenos. Esto da un brillo a sus tentaciones, y las hace menos sospechosas. El diablo se ha servido a veces de los hombres más eminentes y santos para promover sus tentaciones. El diablo tentó a Cristo por medio de un apóstol, Pedro lo disuade de sufrir. Abraham, un hombre bueno, pide a su mujer que se equivoque; Di, eres mi hermana. Estas son las sutilezas de Satanás para tentar.

II. Nosotros debemos estar en guerra espiritual contra Satanás.

(1.) Ahora aquí debemos ofrecer violencia a Satanás por la fe.

«Resistidle, permaneciendo firmes en la fe» (1 Pedro 5:9). La fe es una gracia sabia e inteligente: puede ver un anzuelo bajo el cebo. Es una gracia heroica; se dice sobre todo que apaga los dardos de fuego de Satanás. La fe resiste al diablo. «¡Toma el escudo de la fe, con el que puedes apagar todas las flechas incendiarias del maligno!» (Efesios 6:16), la fe mantiene el castillo del corazón, para que no ceda. No es el hecho de ser tentados lo que nos hace culpables, sino el hecho de dar nuestro consentimiento. La fe entra en su protesta contra Satanás.

La fe no sólo no cede, sino que vence la tentación. La fe tiene la promesa en una mano y a Cristo en la otra: La promesa alienta la fe, y Cristo la fortalece: así la fe vence al enemigo fuera del campo.

(2.) Debemos ofrecer violencia a Satanás mediante la oración.

(1) Lo vencemos de rodillas. Así como Sansón pidió ayuda al Cielo, el cristiano, mediante la oración, trae fuerzas auxiliares del Cielo. En todas las tentaciones, acude a Dios con la oración, «Señor, enséñame a usar cada pieza de la armadura espiritual; cómo sostener el escudo, cómo usar el casco, cómo usar la espada del Espíritu. Señor, fortaléceme en la batalla; ¡prefiero morir como vencedor que ser tomado prisionero y llevado por Satanás en triunfo!». Así debemos ofrecer violencia a Satanás. Hay «un león en el camino», pero debemos decidirnos a luchar.

Y que esto nos anime a ofrecer violencia a Satanás. Nuestro enemigo ya ha sido derrotado en parte. Cristo, que es «el capitán de nuestra salvación», ha dado a Satanás su herida de muerte en la cruz, (Col. 2:15).

(2) La serpiente es más pronto matada en su cabeza. Cristo ha herido la cabeza de la vieja serpiente.

Es un enemigo encadenado, y un enemigo vencido; por tanto, no le temáis. «Resistid al diablo, y huirá de vosotros» (Santiago 4:7). «¡El Dios de la paz pronto aplastará a Satanás bajo tus pies!» (Romanos 16:20).

El cielo tomado por la tormenta

XI

El cristiano ofrece violencia al mundo

I. Lo mundano tienta al cristiano.

El mundo muestra su manzana de oro. Es parte de nuestra profesión cristiana, luchar bajo la bandera de Cristo contra el mundo. Tengan cuidado de no ahogarse en las deliciosas delicias del mundo. Debe ser un cerebro fuerte el que pueda soportar el vino embriagador. Tiene que tener mucha sabiduría y gracia quien sabe cómo mantener una gran propiedad. Las riquezas a menudo despiden humos embriagadores, que hacen que las cabezas de los hombres se mareen de orgullo. «Jesurún engordó y pateó» (Deut. 31:15).

Es difícil subir a la colina de Dios, con demasiadas pesas de oro. Los que desean los honores del mundo, reciben las tentaciones de éste. El mundo es un enemigo halagador. A algunos se les da; como Mical a David, como una trampa. El mundo muestra sus dos pechos de placer y ganancia, y muchos se duermen con el pecho en la boca. El mundo nunca nos besa, salvo con la intención de traicionarnos. El mundo es un ronzal de seda. El mundo no es amigo de la gracia; ahoga nuestro amor por las cosas celestiales; la tierra apaga el fuego.

Naturalmente amamos el mundo, (Job 31:24) «Si he hecho del oro mi esperanza»; la Septuaginta lo traduce: «Si me he casado con mi oro». Demasiados están casados con su dinero; viven juntos como marido y mujer. Cuidémonos de no caer en esta agradable trampa. Muchos han escapado de la roca de los pecados escandalosos, pero se han hundido en las arenas movedizas del mundo.

El pecado no está en usar el mundo, sino en amarlo (1 Juan 2:15), «No améis al mundo ni a nada de lo que hay en el mundo. Si alguien ama al mundo, el amor del Padre no está en él». Si somos cristianos, debemos ofrecer violencia al mundo. Los creyentes están llamados a salir del mundo, «No son del mundo, como tampoco yo soy de él» (Juan 17:16). Están en el mundo, pero no son de él. Como decimos de un moribundo, no es un hombre para este mundo.

Un verdadero santo está crucificado en sus afectos al mundo (Gálatas 6:14). Está muerto a los honores y placeres de este mundo. ¿Qué deleite tiene un hombre muerto en las fotos o en la música? Jesucristo se dio a sí mismo «para redimirnos de este mundo malo» (Gálatas 1:4). Si queremos ser salvados, debemos ofrecer violencia al mundo. Los peces vivos nadan contra la corriente. Debemos nadar contra el mundo, de lo contrario seremos arrastrados por la corriente, y caeremos en el mar muerto del infierno.

II. Tres cosas respecto a la guerra espiritual.

Para que podamos ofrecer violencia al mundo, recordemos:

(1.) El mundo es engaño.

Nuestro Salvador lo llama «El engaño de las riquezas», (Mateo 13:22). El mundo promete felicidad, pero da menos. Nos promete a Raquel, pero nos da a Lea con los ojos desorbitados. El mundo promete satisfacer nuestros deseos-pero sólo los aumenta. El mundo da píldoras envenenadas-pero las envuelve en azúcar.

(2.) El mundo es contaminante.

«La religión que Dios, nuestro Padre, acepta como pura e intachable es ésta: guardarse de ser contaminado por el mundo» (Santiago 1:27). Como si el apóstol quisiera insinuar que el mundo no sirve para nada más que para contaminar. Primero contamina las conciencias de los hombres, y luego sus nombres. Se llama lucro sucio, (Tito 1:7), porque hace que los hombres sean tan sucios. Se condenan a sí mismos para conseguir el mundo. Acab quiso tener la viña de Nabot, aunque nadara hasta ella con sangre.

(3.) El mundo es perecedor.

«El mundo y sus deseos pasan» (1 Juan 2:17). El mundo es como una flor que se marchita mientras la estamos oliendo.

El cielo tomado por la tormenta

XII

El cristiano ofrece violencia al cielo

«El reino de los cielos sufre violencia».

Aunque el Cielo se nos da libremente, debemos esforzarnos por él. A Israel se le dio Canaán libremente, pero tuvo que luchar con los cananeos. No es un deseo perezoso, o una oración somnolienta, lo que nos llevará al Cielo; debemos ofrecer violencia. Por lo tanto, en la Escritura, nuestro afán por el Cielo se manifiesta en aquellas alegorías y metáforas que implican violencia.

I. Metáforas Escriturales.

(1.) Un gran esfuerzo.

A veces, esforzándose. (Lucas 13:23-24) «Alguien le preguntó: «Señor, ¿sólo se van a salvar unos pocos?». Él les dijo: «Esforzaos por entrar por la puerta estrecha, porque os digo que muchos intentarán entrar y no podrán». (El griego significa: «Esforzaos como en una agonía»).

(2.) Una lucha violenta.

La lucha, que es un ejercicio violento. (Ef. 6:12). Debemos luchar con un cuerpo de pecado, y con los poderes del infierno.

(3.) Correr en una carrera.

«Corred, pues, para conseguirlo» (1 Cor. 9:24). Tenemos una larga carrera desde la tierra hasta el cielo, pero poco tiempo para correr; pronto se pondrá el sol. Por lo tanto, corran. En una carrera no sólo hay que despojarse de todos los pesos que estorban, sino que hay que poner en juego todas las fuerzas del cuerpo; hay que forzar todas las articulaciones para poder avanzar con toda rapidez para alcanzar el premio.

Así Pablo se esforzó por alcanzar la meta. (Fil. 3:14). Ay, ¿dónde se encuentra esta santa violencia?

(1) Muchos se han hecho incapaces de correr esta bendita carrera; están borrachos con los placeres del mundo. Un hombre borracho no es apto para correr una carrera.

(2) Otros se descuidan de correr esta carrera durante toda su vida; y cuando la enfermedad y la muerte se acercan, ahora comenzarán. Un hombre enfermo es muy incapaz de caminar, y mucho menos de correr una carrera. Reconozco que el verdadero arrepentimiento nunca es demasiado tarde; pero cuando un hombre apenas puede mover su mano, o levantar sus ojos, ese es un momento muy inadecuado para comenzar la carrera de la tierra al cielo.

(4.) Con una pelea.

Esta seriedad por el cielo se compara con la lucha, que implica violencia, (1 Tim. 6:12) «Pelea la buena batalla de la fe». No basta con ser obreros; debemos ser guerreros. Ciertamente, en el cielo, nuestra armadura será colgada como una señal de victoria; pero ahora es un día de batalla; y debemos «pelear la buena batalla de la fe».

Como Aníbal forzó un camino para su ejército sobre los Alpes y las rocas escarpadas, así debemos forzar nuestro

camino al Cielo. No sólo debemos orar, sino orar fervientemente, (Santiago 6:16). Esto es ofrecer violencia al Cielo.

II. Las razones por las que debe haber esta violencia de ofrenda al Cielo son:

(1.) El mandato indispensable de Dios.

Él ha promulgado una ley: quien coma del fruto del paraíso, lo hará con el sudor de su frente. (2 Pedro 1:10) «Poned empeño en asegurar vuestra vocación y elección».

(2.) El decreto de Dios.

El Señor ha unido en su decreto eterno el fin y los medios: el esfuerzo y la entrada, la carrera y la corona. Y un hombre no puede pensar en llegar al cielo sin ofrecer violencia, como no puede pensar en llegar al final de su viaje, quien nunca pone un paso en el camino. ¿Quién espera una cosecha sin arar y sembrar? ¿Cómo podemos esperar la cosecha de la gloria sin trabajar? Aunque nuestra salvación con respecto a Cristo es una compra, con respecto a nosotros, es una conquista.

(3.) Por la dificultad de la obra.

Debemos ofrecer violencia al Cielo con respecto a la dificultad de la obra: Tomar un reino. Primero, debemos ser sacados de otro reino, «El reino de las tinieblas», (Hechos 26:18).

Salir del estado de naturaleza es difícil, y cuando eso se hace, y somos cortados del olivo silvestre, e implantados en Cristo, hay un nuevo trabajo que hacer todavía; nuevos pecados que mortificar; nuevas tentaciones que resistir, nuevas gracias que avivar. Un cristiano no sólo debe obtener la fe, sino ir «de fe en fe», (Romanos 1:17). Esto no se hará sin violencia.

(4.) Por los ataques espirituales contra el creyente.

Debemos ofrecer violencia al cielo con respecto a los asaltos violentos hechos contra nosotros.

(1) Nuestro propio corazón se opone. Es una extraña paradoja: el hombre, que desea naturalmente la felicidad, se opone a ella; desea ser salvado, pero odia la santa violencia que lo salvaría.

(2) Todos los poderes del infierno se oponen a nosotros. Satanás está a nuestra derecha, como lo estuvo a la de Josué, (Zac. 3) ¿No debemos estar tan interesados en salvar nuestras almas como el dragón en devorarlas? Sin afectos violentos nunca resistiremos las tentaciones violentas.

(5.) Por su importancia.

Debemos ser violentos, porque es un asunto de la mayor importancia. Un hombre no se golpea la cabeza por nimiedades, sino por asuntos en los que su la vida y el patrimonio. La violencia debe ser ofrecida, si consideramos:

(1) Lo que salvaremos: el alma preciosa. ¿Qué esfuerzos hacemos para alimentar y enriquecer el cuerpo, la parte bruta? Oh, entonces, ¿qué violencia debemos emplear para salvar el alma? El cuerpo no es más que un anillo de arcilla; el alma es el diamante. El alma es el espejo donde se ve la imagen de Dios. Hay en el alma algunas sombras y débiles representaciones de una deidad. Si Cristo pensó que el alma valía el derramamiento de su sangre, bien podemos pensar que vale la pena gastar nuestro sudor.

(2) Considera lo que ganaremos: un reino. Qué

dolores se emplean para las coronas e imperios terrenales; los hombres vadearán hasta la corona a
través de la sangre. El cielo es un reino que debería
hacernos luchar por él, incluso hasta la sangre. Las
esperanzas de un reino (dice Basilio) deberían llevar
al cristiano alegremente a través de todos los trabajos y sufrimientos.

(6.) Por nuestra negligencia.

Debe haber una ofrenda de violencia con respecto a esa
aptitud y propensión en los mejores a volverse negligentes
en la piedad. Cuando han sido vivificados en un deber,
son propensos a volverse muertos de nuevo. Cuando se
han calentado al fuego de una ordenanza, son propensos
a congelarse de nuevo; por lo tanto, todavía deben ofrecer
violencia. El corazón, al igual que el reloj, tiende a ago-
tarse; por lo tanto, hay que darle cuerda continuamente
mediante la oración y la meditación.

El fuego de la devoción se apagará pronto si no se le
da cuerda. La propia experiencia de un cristiano de su in-
constancia en la realización del bien, es razón suficiente
para santiguar la violencia.

El cielo tomado por la tormenta

XIII
Aplicaciones prácticas

I. Obtener el cielo no es fácil.

Si tiene que haber esta ofrenda de violencia, nos muestra que no es tan fácil como los hombres imaginan llegar al cielo. Hay tantos preceptos que obedecer; tantas promesas que creer; tantas rocas que evitar, que es un asunto difícil ser salvado.

Algunos imaginan que hay un camino agradable y fácil hacia el cielo: un deseo ocioso, una lágrima en el lecho de muerte; pero el texto nos habla de ofrecer violencia. Ay, hay un gran trabajo que hacer; la inclinación del corazón debe ser cambiada. El hombre por naturaleza no sólo carece de gracia, sino que la odia. Tiene un espíritu envenenado contra Dios, y se enoja con la gracia que lo convierte; y ¿es fácil que el corazón sea metamorfoseado? ¿que el corazón orgulloso se haga humilde? ¿Que el corazón terrenal se haga celestial? ¿Puede hacer esto sin usar la violencia? Todo es cuesta arriba hasta el cielo, y nos hará sudar antes de llegar a la cima de la colina.

> «Entrad por la puerta estrecha. Porque ancha es la puerta y ancho el camino que lleva a la perdición, y muchos entran por ella. Pero pequeña es la puerta y estrecho el camino que lleva a la vida, y sólo unos pocos la encuentran» (Mateo 7:13-14).

En efecto, el infierno será tomado sin asalto: las puertas del infierno, como aquella puerta de hierro, (Hechos 12:10).

Se abren por sí solas; pero si llegamos al cielo, debemos forzar nuestro camino; debemos asediarlo con suspiros y lágrimas, y conseguir la escalera de la fe para asaltarlo. No sólo debemos trabajar, sino luchar. Como aquellos judíos que construyeron el muro de Jerusalén, (Nehemías 4:17-18) «Los que llevaban los materiales trabajaban con una mano y tenían un arma en la otra, y cada uno de los constructores llevaba su espada al lado mientras trabajaba».

Al cristiano se le ordena un servicio difícil; debe cargar contra todo el ejército de sus deseos, cada uno de los cuales es más fuerte que Goliat. Un cristiano no tiene tiempo para dormitar; debe estar orando o velando; ya sea en el monte o en el valle, en el monte de la fe o en el valle de la humildad. Las cosas mundanas no se obtienen sin trabajo. ¿Qué trabajo hay en el taller? ¿Qué sudores hay en el horno? ¿Y pensamos que el cielo se obtendrá sin trabajo? ¿Acaso los hombres cavan en busca de gusanos y no de oro? Los que están en el cielo trabajan; mucho más deberían hacerlo los que van a llegar allí. Los ángeles son espíritus ministradores (Heb. 1:14).

Las alas de los serafines son muchas, para mostrarnos cuán rápidos son en el servicio de Dios. Si los ángeles en el cielo están ocupados en un empleo noble y honorable, ¿cuán laboriosos deberíamos ser nosotros que estamos subiendo a la colina de Dios, y no hemos llegado todavía a un estado de gloria? ¿Es tan fácil el trabajo de la salvación? ¿Puede un hombre ser salvado por un débil deseo? ¿Puede saltar de los brazos del Diablo al seno de Abraham? ¡Oh no! debe haber violencia de ofrenda.

Algunos piensan que la gracia gratuita los salvará; pero debe ser en el uso de los medios. «Velad y orad» (Mt. 26:41). Otros dicen que las promesas los llevarán al cielo;

pero las promesas de la Palabra no deben separarse de los preceptos. La promesa nos habla de una corona, pero el precepto dice: «Corred de tal manera que obtengáis el premio» (1 Cor. 9:24).

Las promesas se hacen para animar fe, no para alimentar la pereza. Pero otros dicen que Cristo ha muerto por los pecadores, y por eso dejan que él lo haga todo por ellos y ellos no harán nada. Entonces el texto quedaría desfasado, y todas las exhortaciones a esforzarse y «pelear la buena batalla de la fe», son en vano. Nuestra salvación le costó sangre a Cristo; nos costará sudor. La barca puede llegar a la orilla sin remar, como nosotros podemos llegar al cielo sin ofrecer violencia.

II. Debemos luchar.

Esto nos muestra el gran error de la gente ignorante, que piensa que el mero cumplimiento de los deberes, aunque sea de forma tan leve y superficial, es suficiente. El texto nos habla de ofrecer violencia.

(1.) En el negocio de la oración.

Creen que basta con pronunciar unas pocas palabras, aunque el corazón esté dormido todo el tiempo. ¿Qué ofrenda de violencia hay aquí? Cristo estaba «en agonía», en la oración (Lucas 22:44). Muchos cuando oran, están más bien en un letargo que en una agonía. Jacob luchó con el ángel en la oración (Gen. 32:24).

El incienso debía colocarse sobre carbones encendidos (Lev. 16:12). El incienso era un tipo de oración y el incienso sobre carbones ardientes era un tipo de fervor en la oración. Pocos saben lo que significa el espíritu de oración; o lo que es tener los afectos en ebullición.

Cuando andan por el mundo son todo fuego; cuando están en oración son todo hielo.

(2.) En la escucha de la Palabra.

Muchas personas piensan que es suficiente llevar sus cuerpos a la asamblea, pero nunca miran sus corazones. Se satisfacen de haber estado en la iglesia, aunque no hayan estado con Dios, mientras estaban allí. Otros van a un sermón como al mercado, para escuchar las últimas noticias. Las nuevas nociones complacen su fantasía, pero no atienden a la Palabra como un asunto de vida y muerte.

No van a reunirse con Cristo en una ordenanza, para recibir el aliento de su Espíritu y las infusiones de su amor. ¡Ay, qué poca violencia para el cielo se ve en el culto de la mayoría de la gente! En todos los sacrificios de la ley había fuego. ¿Cómo pueden aceptarse los deberes que no tienen fuego, ni ofrenda de violencia?

III. El peligro de moderar la piedad.

Si tiene que haber esta ofrenda de violencia al Cielo, entonces nos muestra cuán peligrosa es la moderación en la piedad. La violencia y la moderación son dos cosas diferentes. De hecho, la moderación en las cosas del mundo es encomiable. Deberíamos moderar nuestros deseos mundanos y «usar el mundo como si no la usáramos» (1 Cor. 7:31). Podemos, como Jonatán, mojar la punta de la vara en la miel, pero no meterla demasiado.

En este sentido, la moderación es buena, pero la moderación en asuntos de piedad práctica es pecaminosa es contrario a ofrecer violencia. La moderación, en el sentido del mundo, significa no ser demasiado celoso, no ser demasiado feroz para el Cielo. La moderación es no aventurarse más allá en la piedad, de lo que puede coexistir con la autopreservación. Como el rey de Navarra le dijo a Beza: no se lanzaría al mar más allá de lo que pudiera estar seguro de regresar a tierra firme.

Mantenerse en el lado cálido del seto, es un artículo principal en el credo de los políticos. La moderación, en el sentido del mundo, es la neutralidad. La persona moderada encuentra un medio entre el rigor y la profanidad; no está a favor del libertinaje, ni de la pureza. El consejo que Calvino le dio a Melanchthon fue que no debía afectar tanto el nombre de moderado, que al final perdió todo su celo.

Ser tibio en materia de piedad, está lejos de ofrecer violencia al Cielo, (Apocalipsis 3:19) «Sed celosos y arrepentíos». Si alguien nos pregunta por qué somos tan violentos, diles que es por un reino. Si alguien nos preguntara por qué nos apresuramos tanto en los caminos de la piedad, díganle que estamos corriendo una carrera celestial, y que un paso suavemente moderado nunca ganará el premio. La moderación ha hecho que muchos pierdan el cielo; no se han apresurado lo suficiente; han llegado demasiado tarde, (como las vírgenes necias) cuando la puerta se ha cerrado.

El cielo tomado por la tormenta

XIV

Reprensiones a los perezosos en la pelea

I. Reprensión a los perezosos.

Reprueba a los cristianos perezosos, que «les gusta disfrutar del sueño profundo", y que reposan tranquilos como el vino asentado (Sof, 1:12).

Hacen una perezosa profesión de piedad, pero no usan la violencia. Son como los lirios, que ni trabajan ni hilan. El caracol, por su lentitud de movimiento, fue considerado entre los impuros, Levítico 11:30. San Agustín llama a la ociosidad el entierro de un hombre vivo. Hay algunos deseos débiles, «¡oh, si tuviera el cielo!», pero un hombre puede desear venado, y carecer de él, si no lo caza. «El perezoso anhela y no obtiene nada, pero los deseos del diligente son plenamente satisfechos» (Proverbios 13:4).

Los hombres se contentarían con tener el reino de los cielos; pero se resisten a luchar por él. Prefieren ir en un lecho de plumas al infierno que ser llevados al cielo en un «carro de fuego» de celo y violencia. Cuántos duermen y juegan su tiempo, como si estuvieran hechos como el Leviatán, para jugar en el mar. Salmo 104:26. Es un dicho de Séneca: «Ningún hombre se hace sabio por casualidad». Ciertamente, ningún hombre se salva por casualidad; pero debe saber cómo lo ha conseguido, es decir, ofreciendo violencia.

Aquellos que se han acostumbrado a una disposición ociosa y perezosa, encontrarán difícil sacudirse: «Me he quitado la túnica, ¿debo ponérmela de nuevo? He lavado mis pies, ¿debo ensuciarlos de nuevo?» (Cantares 5:3). La esposa se había acostado en el lecho de la pereza, y aunque Cristo llamó a la puerta, ella se resistía a levantarse y dejarle entrar. Algunos pretenden ser creyentes, pero están ociosos en la viña. Pretenden hacer uso de la fe para ver, pero no para trabajar; esta fe es fantasía. Ojalá que los cristianos tuvieran un espíritu de actividad (1 Cron. 22:16). «Levántate y trabaja, y el Señor estará contigo». A veces podemos aprender de nuestro enemigo.

Ovidio escribe correctamente: «A veces podemos aprender de nuestro enemigo». El Diablo nunca está ocioso; «anda por ahí» (1 Pedro 5:8). El mundo es su diócesis y todos los días hace su visita. ¿Está activo Satanás? ¿Está el enemigo en marcha, viniendo contra nosotros? ¿Y nosotros estamos dormidos en guardia? Como Satanás mismo no está ocioso, así no soportará que ninguno de sus siervos esté ocioso. Cuando el diablo entró en Judas, ¡qué activo estaba Judas! Se dirigió al sumo sacerdote, de allí a la banda de soldados y con ellos volvió al huerto, y nunca se fue hasta que hubo traicionado a Cristo.

Satanás no soportará un siervo ocioso; ¿y creemos que Dios lo hará? ¡Cómo se levantarán los paganos en juicio contra los cristianos perezosos! qué esfuerzos hicieron en los juegos olímpicos: corrieron por una guirnalda de flores, ¿y nos quedamos quietos los que corremos por una corona de inmortalidad? Ciertamente, si sólo los violentos toman el Cielo, el ocioso nunca llegará allí. Dios no pone ninguna diferencia entre estos dos, perezoso y malvado, (Mat. 25: 26) «Siervo malo y perezoso».

II. Reprende al formalista.

Reprueba al formalista que pone toda su religión en gestos y vestimentas, y emblemas de devoción, y piensa que esto le dará derecho al Cielo, (Apocalipsis 3:1) «Tienes un nombre para vivir, y estás muerto». La forma y el exterior del cristianismo es juzgado como todo lo necesario.

(1.) Es un medio para mantener el crédito de los hombres en el mundo. Si fueran visiblemente profanos, los que son sobrios no se acercarían a ellos: no serían vistos como mejores que los paganos bautizados; por lo tanto, deben hacer una demostración de devoción por política, para ganar algo de reputación y estima entre los demás.

(2.) Una forma sirve para tapar la boca de la conciencia; si no tuvieran algún tipo de devoción externa, su conciencia se les iría a la cara y serían un terror para ellos mismos; por eso creen conveniente tener una forma de piedad. Pero, ¡ay! ¿qué es todo esto? El texto habla de ofrecer violencia al cielo. ¿Qué violencia hay en una forma? Aquí no hay que esmerarse con el corazón: una forma, pero sin poder, (2 Tim. 3:5). Beza comenta sobre este pasaje: «La palabra "mórfosis", significa una apariencia de piedad vacía».

Los formalistas son como las estatuas del cementerio, que tienen los ojos y las manos levantadas al cielo, pero no tienen alma. La devoción del formalista se agota en puntillos y sutilezas: descuida «los asuntos más importantes de la ley, la fe y la misericordia» (Mt. 23:23). Tiene escrúpulos con las fantasías supersticiosas, pero no tiene en cuenta el pecado: teme más a un gato negro que se cruce en su camino, que a una ramera en su cama. Odia la santidad. Cristo no tuvo enemigos tan acérrimos como los fariseos formales. El formalista nunca es violento, sino que persigue el poder de la piedad.

III. A los que tienen un celo errado.

Reprende a los que son violentos en el mal sentido. Son violentos para el infierno; van allí con el sudor de su frente. (Jer 8:6) «Cada uno sigue su propio camino como un caballo que se precipita a la batalla». Un caballo de guerra se precipita violentamente entre las armas y los cañones: así se precipitaron en el pecado violentamente. Los hombres son violentos, en el bien opuesto. Al perseguir el mal.

(1.) Los hombres son violentos al oponerse al bien. De varias maneras.

(1) Ofrecen violencia al Espíritu de Dios. El Espíritu llama a la puerta de los corazones de los pecadores; espera hasta que su cabeza esté «llena de rocío», y «sus cerraduras con las gotas de la noche»; pero los pecadores repelen y contristan al Espíritu, y alejan esta paloma del arca de sus almas. (Hechos 7:51) «Siempre resistís al Espíritu Santo». El Espíritu ofrece gracia al pecador, y el pecador ofrece violencia al Espíritu, (Isaías 63:10) «Se rebelaron y vejaron a su Espíritu Santo»; y que el Señor no deje de esforzarse. Dios, que está dispuesto a entrar cuando le abrimos, no ha prometido volver a venir si le rechazamos sin piedad.

(2) Ofrecen violencia a la conciencia. La conciencia es el predicador de Dios en el corazón. Este predicador no puede halagar; dice a los hombres de su orgullo, codicia, abuso de la misericordia. Pero ellos, en lugar de ser violentos contra sus pecados, ofrecen violencia a la conciencia; silencian y encar-

celan la conciencia. Pero como el profeta Zacarías, cuando estaba mudo, pidió una mesa de escribir y escribió, (Lucas 1:63). Así, cuando a la conciencia no se le permite hablar, escribe. Escribe los pecados de los hombres, y cuando al morir se les obligue a leer la escritura, hará que sus corazones tiemblen y sus rodillas se golpeen. Los hombres suelen ofrecer violencia a su conciencia; ¿y cuál será este resultado? Aquellos que no escuchen la voz de la conciencia, seguramente sentirán el gusano de la conciencia.

(3) Ofrecen violencia a la imagen de Dios. Se oponen a los santos (que son la imagen viva de Dios) y les disparan. Esta es una violencia maldita, (Gal. 4:29) «Como el que nació según la carne, persiguió al que nació según el Espíritu», así es ahora. Cristo mismo es golpeado a través de los creyentes. La iglesia siempre ha estado en la zona tórrida; los aradores han arado sobre su espalda. La tierra ha sido sembrada con los cuerpos de los santos, y regada con su sangre. Los perseguidores, lo reconozco, son de una familia antigua. El primer hombre que nació en el mundo fue un perseguidor, a saber, Caín; y tiene una numerosa descendencia: Nerón, Trajano, Domiciano, Diocleciano y Maximino. Faelix, conde de Wurtemburgo, estando en una cena en Augsburgo, juró que antes de morir, cabalgaría hasta las espuelas en la sangre de los luteranos; pero después se ahogó en su propia sangre. Los perseguidores son la maldición de la creación: son algunas de esas «espinas y zarzas» que produce la tierra.

(2.) Los hombres son violentos al perseguir el mal.

(1) Son violentos en sus opiniones. (2 Pedro 2:1) «Privadamente introducirán herejías condenables». Arrio fue uno de ellos; y verdaderamente el espíritu de Arrio sigue vivo en este día, cuando los hombres se atreven a negar la Deidad del bendito Hijo de Dios. Muchos de los herejes de la antigüedad eran tan violentos, que su opinión era para ellos una Biblia: y algunos de ellos murieron manteniendo sus herejías. Estos fueron los mártires del Diablo.

(2) Son violentos en sus pasiones. Juan Crisóstomo comenta:

> «Ya observas que no ven las cosas correctamente y, en vez de hacer cosas que valen la pena, hacen todo como si su percepción estuviera cegada y su juicio deteriorado. Los iracundos son así, no reconocen a los presentes, se olvidan del parentesco, no dan cuenta del afecto, el hábito, la importancia o cualquier otra cosa. En cambio, están completamente bajo el poder de la ira, y por tanto, son llevados al acantilado».

La ira es un frenesi temporal, «una locura breve» como lo dice Séneca. (Santiago 3:6) «La lengua es un fuego, un mundo de iniquidad». En este pequeño miembro hay un gran mundo, a saber, un «mundo de pecado». Los que se consideran sobrios están ebrios de pasión. Sus oraciones son frías, pero su ira es caliente. Escupen fuego como la serpiente escupe veneno. Las pasiones ardientes, sin arrepentimiento, llevan a los hombres al horno de fuego.

(3.) Son violentos por sus lujurias.

(Tito 3:3) «Esclavizados por toda clase de pasiones y placeres». La lujuria es un deseo o impulso desmedido, que provoca al alma la satisfacción de sus deseos carnales. Próspero de Aquitania escribe: "Los malos deseos: todos los malos deseos son como puertas del infierno, por las que se va a la muerte; y a esta queda sometido quien se alegra de disfrutar de lo conseguido, que inicuamente había deseado".

Aristóteles las llama lujurias brutas, porque cuando las lujurias son violentas, no dejan que la razón o la conciencia sean escuchadas; sino que el hombre es llevado bruscamente a la satisfacción de la carne.

Sobre aquellos que se dejan llevar por sus concupiscencias.

(1.) Los hombres son violentos por sus lujurias borrachas.

Aunque la muerte esté en la copa, la beberán. Uno que casi perdió la vista, el médico le dijo que no había cura para él, a menos que dejara de beber en exceso. «Entonces», dijo, «¡adiós dulce luz!» Prefería perder la vista antes que dejar la bebida.

(2.) Son violentos por sus impuros deseos.

Se dice que los hombres «arden en deseos» (Romanos 1:27). El apóstol da a entender que la lujuria es una especie de fiebre. Los calores febriles no son más perniciosos para el cuerpo que la lujuria para el alma. ¡Oh, qué locura es que una gota de placer beba un mar de ira!

(3.) Son violentos por sus lujurias opresivas.

Ellos agravian y defraudan a los demás, y con violencia les quitan su derecho. En lugar de vestir al desnudo, hacen que los que están vestidos, estén desnudos. Estas aves de rapiña viven de la rapiña. Son crueles, como si hubieran sido amamantados con la leche de los lobos. Sonríen ante las maldiciones de los pobres, y engordan con sus lágrimas. Han olvidado la advertencia de Cristo, (Lucas 3:14). «No hagas violencia a nadie».

Acab quitó violentamente la viña de Nabot, (2 Reyes 21:11). El infierno es tomado por esta violencia, (Proverbios 4:17) «Que beben el vino de la violencia». Este vino se convertirá al final en veneno, (Salmo 11:5), «El que ama la violencia, el alma de Dios odia».

(4.) Son violentos por sus lujurias codiciosas.

La codicia es la idolatría del alma. (Amós 2:7) «Que jadean tras el polvo de la tierra». Recorren mar y tierra para hacer del dinero su prosélito. Su Dios es de oro, y ante él se inclinan. Los que se arrodillaron para beber de las aguas, fueron considerados soldados no aptos para Gedeón, (Jueces 7:6). Lo mismo ocurre con los que no son aptos para Cristo, que se rebajan inmoderadamente al cuidado de las cosas terrenales. Los que son violentos para el mundo, ¿qué tienen sino el viento? (Ecles. 5:16). «¿Qué provecho tiene el que se ha afanado por el viento?». El mundo no puede enriquecer el alma, no puede quitar el dolor. Si vienen los dolores de conciencia, el mundo no puede dar consuelo, como una corona de oro no puede curar un dolor de cabeza.

IV. Reprensión a los que se han enfriado en su caminar.

Reprende a los que han dejado en parte ese santo rigor y violencia en la piedad que antes tenían.

(1.) Su fervor ha disminuido.

Su fervor se ha enfriado y se ha reducido. Lo que hacen es tan poco, que no puede llamarse violencia. Sirven a

Dios, pero no son fervientes en espíritu. No abandonan el deber, sino que crecen muertos en el deber. Han «dejado su primer amor» (Apocalipsis 2:4).

Es con ellos como un fuego cuando se está apagando; o como el sol cuando se está poniendo. Como los epilépticos, antes estaban en un paroxismo, o un ataque de celo caliente; pero ahora que el ataque frío los ha tomado, están formales y congelados en la piedad. Hubo un tiempo en que llamaban al sábado «una delicia» (Isaías 58:13).

¡Cómo se elevaban sus corazones en el deber! ¡Con qué diligencia buscaban a quien su alma amaba! Pero ahora el caso ha cambiado; su piedad languidece, e incluso se desvanece. Hubo un tiempo en que estaban en agonía, y lanzaban fuertes gritos en oración. Ahora las ruedas de los carros son arrancadas, y el espíritu de oración está muy disminuido. Sus oraciones se congelan entre sus labios; una clara señal de la decadencia de la gracia.

(2.) Han caído en el letargo y cansancio.

Estas personas se han vuelto letárgicas y consumidas.

(1) *Aletargada.* (Cant. 5:2) «Duermo, pero mi corazón se despierta». Aunque la gracia estaba viva en ella, y su corazón se despertaba; sin embargo, tenía un temperamento apagado y somnoliento, «duermo». Cuando el corazón arde en el pecado, y se enfría en el deber, es una señal segura de que se está llegando a un estúpido letargo.

(2) Consuntivo. Hay dos signos de personas en una consunción espiritual.

1. Cuando su deseo por Cristo y el Cielo no es tan fuerte como lo era. El estómago de

un hombre consumista se deteriora. Los cristianos no tienen afectos tan violentos por las cosas celestiales; pueden desear la comida y el vino, y los deliciosos deleites de la tierra; pero Cristo es menos precioso; no están en punzadas de deseo tras él; un triste síntoma de que su gracia está en una consunción.

2. Cuando no son tan vigorosos en el movimiento. Cuando un hombre está animado y se mueve en su trabajo, es una señal de que tiene salud. Pero cuando está desganado, y no se preocupa por moverse, o por poner su mano en algo, es una señal de que la salud está decayendo. Así, cuando los hombres no tienen corazón para lo que es santo, no se preocupan por hacer los ejercicios de piedad; han perdido el espíritu de actividad por Dios; le sirven de una manera débil y enfermiza. Es una señal de que están consumidos.

Cuando el pulso apenas se puede sentir, y late muy bajo, los hombres están a punto de morir. Así, cuando los que una vez fueron violentos para el cielo, pero ahora apenas podemos percibir alguna piedad en ellos, el pulso late bajo, y la gracia está a punto de morir (Apocalipsis 3:2).

A ustedes que han disminuido su santa violencia y se han vuelto negligentes en el cumplimiento de su deber, permitidme que les exponga, como hizo el Señor por medio del profeta (Jer. 2:5) «¿Qué iniquidad han encontrado vuestros padres en mí?» ¿Qué mal has encontrado en Dios, para que dejes tu antiguo rigor? ¿No te ha alimentado Dios con el maná de lo alto, y te ha dado su Espíritu Santo para que sea tu guía y consolador? ¿No te ha hecho nadar en un mar de misericordia? ¿Qué mal has encontrado en la oración, para que seas menos violento en ella? ¿No habéis tenido una dulce comunión con Dios? ¿No os habéis derretido y ensanchado algunas veces, hasta el punto de pensar que estáis en los suburbios del cielo, cuando habéis estado en este monte? ¿No ha traído la paloma de la oración un ramo de olivo de paz en su boca? ¿Qué maldad has encontrado en la Palabra? Hubo un tiempo en que tomabas este libro y lo comías, y era miel en tu boca (Ez. 3:3).

¿Tiene ahora la Palabra menos virtudes? ¿Son las promesas como la vara seca de Aarón, marchita y sin savia?

¿Qué iniquidad has encontrado en los caminos de Dios, para que hayas disminuido tu antigua violencia en la piedad? «Acuérdate de dónde has caído, y arrepiéntete, y haz tus primeras obras» (Apocalipsis 2:5).

(3.) Exhortación al arrepentimiento

Considera seriamente.

(1) Cuanta menos violencia para el cielo, menos paz tendrás. Nuestras conciencias nunca están en paz en un estado de somnolencia. Es la acción viva de la gracia, la que hace que el corazón esté tranquilo y sereno. Estas dos cosas van juntas, caminar "en el temor de Dios" y "en los consuelos del Espíritu Santo", Hechos 9:31. Cristiano, si una vez eres negligente en la piedad, la conciencia te reprenderá. Si perteneces a Dios, él nunca te dejará tranquilo, sino que te enviará una u otra aflicción para despertarte de tu seguridad, y hacer que recuperes ese estado de ánimo activo y vivo que tenías antes.

(2) Tú que te vuelves más muerto en el servicio de

Dios, y dejas tu primer amor, le das una gran ventaja a Satanás. Cuanto menos violentos eres, más violento es él. Cuanto menos oras, más te tienta. ¿En qué triste caso te encuentras ahora? ¿Cómo puede la gracia, que es débil y enfermiza, resistir las tentaciones violentas? De ahí que Dios permita que su propio pueblo caiga a veces en el pecado, como justo castigo por su tibieza, y para hacerlos más celosos y violentos para el futuro.

(3) Tu negligencia en la piedad, aunque no te condene, te perjudicará. Perderás el grado de gloria que podrías haber tenido. Aunque tu negligencia no pierda tu corona, la disminuirá y la hará más ligera.

(4) Cuanto más perezosos son los deseos de un cristiano, más vivas son sus corrupciones. Cuanto más débil es el cuerpo, más fuerte es la enfermedad. Por lo tanto, reza para que la gracia te dé vida (Salmo 143:11). Ruega que soplen sobre ti nuevos vientos del Espíritu. No te vayas nunca hasta que hayas recuperado esa santa violencia que una vez tuviste.

V. Reprensión a aquellos que han dejado de luchar.

Reprende a los que casi han abandonado toda violencia: han dejado de leer y de rezar en su familia. No se ve ni siquiera un rostro de piedad; han caído finalmente. Así fueron Joás, Jehú y Juliano. El buen edificio de su profesión, que otros admiraban, no tiene ahora ni una piedra sobre otra.

(1.) Razones de los hombres para abandonar la guerra espiritual.

¿Por qué los hombres retroceden así en su movimiento, y se desprenden totalmente de esa violencia que parecían tener antes?

(1) Porque nunca tuvieron un principio de vida espiritual. Las cosas que se mueven a partir de un principio de vida son constantes, como el movimiento del pulso. Pero las cosas artificiales suelen estar paradas, y su movimiento cesa. Como un reloj cuando las pesas están colgadas, va; pero si se quitan las pesas, se queda parado. Así, el apóstata nunca se ha movido en la religión, sino por la ganancia y el aplauso. Cuando se le quitan las pesas, se queda parado, no va más allá. Esa rama tiene que marchitarse, si no tiene una raíz sobre la cual crecer.

(2) Los hombres se desprenden de toda violencia, y degeneran en la apostasía, porque nunca hicieron los deberes de piedad con deleite. Pablo «se deleitaba en la ley de Dios en el hombre interior» (Romanos 7:22). Su cielo era servir a Dios. Un hombre que se deleita en el placer nunca abandonará su placer. El apóstata nunca tuvo un verdadero deleite en los caminos de Dios; fue más bien forzado con el temor, que atraído con el amor; sirvió a un amo que nunca le importó; no es de extrañar entonces que deje su servicio.

(3) Los hombres degeneran en la apostasía por la incredulidad. (Salmo 78:22) «No creyeron en Dios», (versículo 41) «Se volvieron atrás, y tentaron a Dios». Los pecadores tienen pensamientos ce-

losos de Dios; desconfían de su amor, por lo tanto, abandonan su servicio. Piensan que pueden orar, y escuchar, y en vano. (Mal. 3:14) «¿De qué sirve que hayamos guardado sus ordenanzas?» Es decir, «Podemos acercarnos a Dios en el deber, pero él nunca se acercará a nosotros en la misericordia». Al prevalecer la incredulidad y el ateísmo, la librea de la piedad se desprende en seguida, y cesa toda violencia anterior por el Cielo. La incredulidad es la madre de la apostasía.

(4) Los hombres dejan su antigua violencia, y resultan ser Judas y Diablos, porque aman algo más que la piedad. Hay una u otra lujuria en la que su corazón está comprometido; y su violencia por el pecado ha destruido su violencia por la piedad. Solimán, el gran turco, al ver que muchos cristianos profesantes se pasaban al turquismo, les preguntó qué les movía a convertirse en turcos. Le respondieron: «lo hicieron para que les aliviaran los impuestos». Se alejaron de Dios por la prevalencia de la codicia. Si hay algún predominio de la lujuria en el corazón, obtendrá el dominio, y destruirá todo el antiguo celo por la piedad. Abimelec, un bastardo, destruyó «a setenta de sus hermanos sobre una piedra» (Jueces 9:18). Si hay alguna lujuria que el corazón persigue, este pecado bastardo destruirá setenta deberes; matará toda esa violencia por el Cielo, que un hombre parecía tener alguna vez.

(5) Los hombres abandonan la violencia anterior por cobardía. Si son violentos en la piedad, temen perder sus ganancias y preferencias; es más, incluso sus vidas. El cobarde nunca ha ganado el campo. Cuando el miedo carnal se vuelve violento, toda

violencia por el cielo llega a su fin. Muchos de los judíos que eran grandes seguidores de Cristo, al ver las espadas y los bastones, lo abandonaron. (Proverbios 29:25) «En el temor del hombre hay una trampa». El temor carnal hace que el pecado parezca menor de lo que es, pero el peligro es mayor.

(6) Los hombres dejan la violencia por el Cielo por falta de paciencia. El sentimiento sensible de alegría es retenido, y no tienen paciencia para esperar la recompensa completa. Los hipócritas buscan la recompensa presente; y si no tienen lo que desean repentinamente, se despiden de la piedad, y dicen como aquel rey malvado, (2 Reyes 6:33) «¿Por qué he de esperar más al Señor?» No consideran que Dios es un agente libre, y dispensará sus bendiciones en el momento más oportuno, sino que tratan de atar a Dios a su tiempo. Olvidan que el gozo es una parte de la recompensa; y quisieran tener la recompensa, antes de que su trabajo aún no esté terminado. ¿Recibe el siervo su paga antes de terminar su trabajo? (Santiago 5:6) «El agricultor espera el precioso fruto de la tierra». No espera sembrar y cosechar en el mismo día. Pero los hipócritas siempre tienen prisa: quieren cosechar la alegría antes de terminar de sembrar la semilla del arrepentimiento. Y porque el consuelo se posterga un tiempo, se ofenden; ya no servirán a Dios; su paciencia ha llegado a su fin, por lo tanto, su violencia ha llegado a su fin.

(7) Los hombres dejan la santa violencia, y degeneran en profanidad, por un justo juicio de Dios, dejándolos a su suerte. Muchas veces resistieron al Espíritu, y lo despidieron tristes. Y ahora, como

un justo juicio, Dios dice: «mi Espíritu no luchará más». Y si este viento no sopla sobre sus velas, no pueden moverse. Si este sol se retira de su clima, deben necesariamente congelarse en la impenitencia. Antes pecaron contra convicciones claras; silenciaron la conciencia, y ahora Dios la ha cauterizado. Y ahora, aunque un ángel les predicara desde el cielo, no les serviría de nada. ¡Oh, qué sombrío es esto! Los pensamientos de esto pueden sumirnos en una santa consternación.

(2.) Destino de aquellos que apostatan.

Así vemos por qué los hombres apostatan y dejan su violencia por el Cielo. ¿Qué consiguen con esto? Veamos qué compra hacen los apóstatas.

(1) Proclaman su *locura*. Pues toda su antigua violencia por el Cielo está perdida. El que corre la mitad de la carrera y luego se desmaya, pierde la guirnalda. (Ezequiel 18:24) «Cuando el justo se aparta de su justicia, toda su justicia que ha hecho no será mencionada». Todas las oraciones y lágrimas de los hombres se pierden. El apóstata deshace todo lo que ha hecho. Es como un hombre que con un lápiz dibuja un intrincado cuadro, y luego viene con su esponja y lo vuelve a borrar. (Gal. 3:4) «¿Habéis sufrido tantas cosas en vano?» Tal vez por la piedad, un hombre ha sufrido muchos reproches y afrentas; ¿y tú has sufrido todo esto en vano?

(2) Aquí está la insensatez en verdad al final será la amargura. (Jer. 2:19) «Sabed, pues, que es cosa mala y amarga el haber abandonado al Señor». Los hombres, al dejar su violencia por el cielo, obtienen una espina en su conciencia, una mancha en su

nombre, una maldición en su alma. ¿Qué obtuvo Judas con su apostasía, sino un cabestro? Así será la amargura al final. El apóstata, cuando muere, cae como una ventosidad en la boca del diablo.

VI. Reprensión a aquellos que postergan la batalla.

Reprende a los que postergan esta violencia por el reino, hasta la vejez. Cuando no sean aptos para ningún otro trabajo, entonces comenzarán con esto de tomar el cielo por asalto. Ningún hombre dice: «Aprenderé mi oficio cuando sea viejo». Es una imprudencia que uno comience a trabajar para el cielo, cuando es más allá de su trabajo. Viene una noche de enfermedad y muerte, y nuestro Salvador dice: «Viene la noche en que nadie puede trabajar» (Juan 9:4).

Ciertamente, un hombre no puede poner más que poca violencia para el cielo cuando la vejez y los viejos pecados están sobre él. Además, ¡qué indigno y poco sincero es dar al diablo la flor de la juventud, y a Dios las heces de la vejez! Por eso Dios rechazó el sacrificio de Caín, porque estaba rancio antes de que él lo trajera (Gn. 4).

Hay poca esperanza de su salvación que nunca buscan el cielo, hasta que están en las fronteras de la eternidad.

VII. Reprensión a los burladores.

Reprende a los que están tan lejos de usar esta violencia para el Cielo, que se burlan de ella. Estos son sus celosos, (2 Pedro 3:3) «En los últimos días habrá burladores». El santo caminar se ha convertido en objeto de burla. (Salmo 69:12) «Me he convertido en la canción del borracho». Esto muestra un corazón vil. Hay algunos que, aunque no tienen bondad en sí mismos, honran a los que son buenos. Herodes veneraba a Juan el Bautista. Pero qué diablos son aquellos que se burlan de la bondad, y reprochan a otros por hacer lo que Dios manda. Esta época produce personas que se sientan en la silla de los escarnecedores, y lanzan sus chorradas contra la piedad. En Bohemia, cuando algunos de los mártires iban a sufrir al día siguiente, se consolaron con esto: esa era su última cena, y mañana deberían festejar con Cristo en el cielo. Un papista que se encontraba allí, les preguntó con sorna: ¿si Cristo tenía cocineros en el Cielo para preparar su cena? ¡Oh, tengan cuidado con ese espíritu de Ismael! Es una señal de un hombre entregado al diablo. Dios desprecia al escarnecedor (Proverbios 3:34). Y ciertamente, nunca vivirá con Dios aquel cuya compañía Dios desprecia.

VIII. Reprensión a los que temen arrebatar el cielo.

Reprende a los que, en vez de tomar el cielo por la fuerza, lo retienen por la fuerza; como si tuvieran miedo de ser felices; o como si una corona de gloria les hiciera daño.

(1.) Ignorantes.

Tales son, los ignorantes, que cierran los ojos a la luz y se niegan a que se les enseñe el camino del cielo. Oseas 4:6. «Habéis rechazado el conocimiento». La palabra hebrea empuja a rechazar con desdén. Como he leído de un obispo escocés, que dio gracias a Dios por no haber sabido nunca lo que era el viejo y el nuevo Testamento. Me pregunto de dónde tomó el obispo su texto.

(2.) Los profanos.

Aquellos que odian ser amonestados, y prefieren morir antes que reformarse. (Amos 5:10) «Odian al que reprende en la puerta». Estos guardan del cielo por la fuerza. Tales fueron los de Hechos 13:46: «Viendo que apartáis la Palabra de vosotros». La palabra griega puede traducirse como «viendo que la alejas con tus hombros». Como si un enfermo echara fuera al médico, para que no lo curara. (Job 21:14) «Que dicen al Todopoderoso: ¡apártate de nosotros!

Dios se resiste a marcharse; corteja y suplica a los pecadores que acepten sus condiciones de misericordia; pero los pecadores quieren que se vaya; le dicen: «¡Aléjate!». ¿No podemos decir a éstos: «quién os ha hechizado? Qué locura más allá de la hipérbole es ésta: que no sólo renunciéis a la misericordia, sino que luchéis contra ella; ¡como si hubiera peligro en ir al cielo!»

Estos que apartan de sí la salvación, perecen voluntariamente; no quieren oír nada que los salve. ¿No sería un triste epitafio si un hombre escribiera en la lápida de su tumba: «aquí yace uno que se asesinó a sí mismo»? Esta es la condición de los pecadores desesperados; se alejan del Cielo por la fuerza; son asesinos de sí mismos. Por eso Dios escribe su epitafio sobre su tumba, (Oseas 13:9) «¡Oh Israel, te has destruido a ti mismo!»

El cielo tomado por la tormenta

XV

Examinar si estamos ofreciendo violencia

Examinemos entonces si ponemos esta santa violencia por el cielo ¿Qué es una profesión vacía sin esto? Es como una lámpara sin aceite. Preguntémonos todos: ¿qué violencia utilizamos para el Cielo?

(1.) ¿Nos esforzamos con nuestros corazones para ponerlos en un marco santo? ¿Cómo despertó David todas las fuerzas de su alma para servir a Dios?, (Salmo 57:8) «Yo mismo me despertaré temprano».

(2.) ¿Preparamos el tiempo para pedirnos cuentas a nosotros mismos, y para probar nuestras evidencias para el Cielo? (Salmo 77:6) «Mi espíritu buscó con diligencia». ¿Tomamos nuestro corazón como un reloj en pedazos, para ver lo que está mal y arreglarlo? ¿Somos meticulosamente inquisitivos en el estado de nuestras almas? ¿Tenemos miedo de la gracia artificial, como de la felicidad artificial?

(3.) ¿Utilizamos la violencia en la oración? ¿Hay fuego en nuestro sacrificio? ¿El viento del Espíritu, llenando nuestras velas, provoca «gemidos indecibles»? (Romanos 8:25). ¿Oramos por la mañana como si fuéramos a morir por la noche?

(4.) ¿Tenemos sed del Dios vivo? ¿Están nuestras almas llenas de santos deseos? (Salmo 73:25) «No hay en la tierra nada que desee fuera de ti». ¿Deseamos la santidad tanto como el cielo? ¿Deseamos tanto parecernos a Cristo como vivir con Cristo? ¿Es nuestro deseo constante? ¿Late siempre este pulso espiritual?

(5.) ¿Somos hábiles en la abnegación? ¿Podemos negar nuestra comodidad, nuestros objetivos, nuestro interés? ¿Podemos cruzar nuestra propia voluntad para cumplir la de Dios? ¿Podemos decapitar nuestro amado pecado? Sacar el ojo derecho requiere violencia.

(6.) ¿Somos amantes de Dios? No se trata de cuánto hacemos, sino de cuánto amamos. ¿El amor manda en el castillo de nuestro corazón? ¿La belleza y la dulzura de Cristo nos constriñen? (2 Cor. 5:14) ¿Amamos a Dios más de lo que tememos al infierno?

(7.) ¿Mantenemos nuestra vigilancia espiritual? ¿Ponemos espías en cada lugar, vigilando nuestros pensamientos, nuestros ojos, nuestras lenguas? Cuando hemos orado contra el pecado, ¿vigilamos contra la tentación? Los judíos, después de haber sellado la piedra del sepulcro de Cristo, «velaron» (Mat. 27:66) Después de haber estado en la Palabra, ¿vigilamos?

(8.) ¿Pretendemos alcanzar más grados de santidad? (Fil. 3:13) «Alcanzando lo que es anterior». Un cristiano piadoso es una maravilla; es el más contento y a la vez el menos satisfecho: se contenta con un poco del mundo, pero no se satisface con un poco de gracia; quisiera tener aún más fe y ser ungido con aceite fresco. Pablo deseaba «llegar a la resurrección de los muertos», (Fil. 3:11), es decir, se esforzaba (si era posible) por llegar a una medida de gracia tal como la que tendrán los santos en la resurrección.

(9.) ¿Hay una emulación santa en nosotros? ¿Nos esforzamos por superar a los demás en piedad? ¿Para ser más eminentes en el amor y las buenas obras? ¿Tenemos algo ¿cuál es el singular? (Mateo 5:47).

(10.) ¿Qué haces tú, más que los demás? ¿Estamos por encima del mundo? Aunque caminemos por la tierra, ¿comerciamos en el cielo? ¿Podemos decir cómo David? (Salmo 149:17) «Todavía estoy contigo». Esto requiere violencia; pues los movimientos hacia arriba suelen ser violentos.

(11.) ¿Nos ponemos siempre bajo la mirada de Dios? (Salmo 16:8) «He puesto al Señor siempre delante de mí». ¿Vivimos sobria y piadosamente, recordando que todo lo que hacemos lo mira nuestro Juez?

Si es así con nosotros, somos gente feliz. Esta es la santa violencia de la que habla el texto, y es la forma correcta de tomar el reino de Dios. Y seguramente nunca Noé extendió su mano tan voluntariamente para recibir a la paloma en el arca, como Jesucristo extenderá su mano para recibirnos en el cielo. Antes de insistir en la exhortación, permítanme eliminar algunas *objeciones* que pueden hacerse contra esta bendita violencia.

XVI

Objeciones contra el ofrecimiento de violencia

OBEJECIÓN 1: ¿Pero no tenemos poder por nosotros mismos para salvarnos? Nos pides que seamos violentos, como si le pidieras a un hombre encadenado que camine.

Respuesta 1: Es cierto que, hasta que llega la gracia, no podemos actuar eficazmente para nuestra propia salvación. Antes de la conversión somos puramente pasivos; y cuando Dios nos pide que nos convirtamos y nos convirtamos, esto es para mostrarnos lo que debemos hacer, no lo que podemos hacer. Sin embargo, hagamos lo que podamos.

(1) Tenemos poder para evitar esas rocas, que ciertamente arruinarán nuestras almas; me refiero a los pecados graves. Un hombre no necesita estar en mala compañía; no necesita jurar, ni decir mentiras; ni lo haría si fuera por ley la muerte de un juramento.

(2) Tenemos el poder de volcarnos en el uso de los medios, la oración, la lectura, la santa conferencia. Esto condenará a los hombres en el último día; que no actuaron tan vigorosamente en su esfera como podrían; no usaron los medios, y verán si Dios dará la gracia. Dios vendrá con eso pregunta solícita al final: «Deberías haber puesto mi dinero en depósito en los banqueros, para que cuando vol-

viera lo recibiera con intereses» (Mat. 25:27), «¿Por qué no mejoraste el poder que te di?»

Respuesta 2: Aunque no tenemos el poder de salvarnos a nosotros mismos, debemos perseguir la salvación, porque Dios ha hecho una promesa de gracia, así como de gracia. Ha prometido circuncidar nuestros corazones; poner su Espíritu dentro de nosotros; capacitarnos para caminar en sus estatutos (Ez. 36:27). De modo que por medio de la oración hemos de poner el lazo en la demanda, y presionar a Dios con su propia promesa. Aunque no diré, como los arminianos, que Dios está obligado a conceder la gracia si nos esforzamos, no por ello deja de concederla a los que la buscan; es más, no niega su gracia a nadie más que a los que la rechazan voluntariamente, (Salmo 81:11) «Israel no quiere saber nada de mí».

OBJECIÓN 2: Pero esta violencia de ofrecimiento es dura, y nunca podré pasar por ella.

Respuesta: Admito que es duro, pero es un deber, y no hay que discutir el deber. Dios ha hecho que el camino al Cielo sea duro.

(1) Para probar nuestra obediencia. Un niño obedece a su padre, aunque le mande cosas difíciles. La obediencia y el amor de Pedro fueron probados cuando Cristo le ordenó que se acercara a él sobre el agua.

(2) Dios lo hace para elevar el precio de las cosas celestiales. Si el reino de la gloria se obtuviera fácilmente, no valoraríamos su valor. Tal es nuestra naturaleza, que despreciamos las cosas que se consiguen fácilmente. Si las perlas fueran comunes, pronto bajarían de precio. Si Cristo y el cielo pu-

dieran obtenerse sin violencia, estas bendiciones de primera magnitud no se habrían tenido en tan alta veneración. Pero que no se objete la dificultad. Que si el trabajo de salvación es difícil. ¿No es más difícil estar en el infierno? ¿No es peor sufrir la venganza que ofrecer la violencia?

No lo discutimos en otras cosas. Una finca es difícil de conseguir; ¿Por eso nos quedamos quietos? No, las dificultades nos estimulan y agudizan nuestro esfuerzo; y si nos tomamos tantas molestias para estas cosas inferiores, ¡cómo deberíamos hacerlo para lo que es más noble y sublime! El beneficio compensará abundantemente el trabajo.

Aunque el negocio de la piedad parece duro al principio, cuando se entra en él, es agradable. Cuando las ruedas del alma están engrasadas con la gracia, ahora un cristiano se mueve en la piedad con facilidad y deleite, (Romanos 7:22) «Me deleito en la ley de Dios según el hombre interior». El yugo de Cristo al ponerse por primera vez parece pesado; pero una vez puesto, es fácil. Servir a Dios, amar a Dios, disfrutar de Dios, es la libertad más dulce del mundo. Los poetas dicen que la cima del Olimpo es siempre tranquila. La primera subida a la colina rocosa del Cielo es dura para la carne y la sangre; pero cuando nos acercamos a la cima, hay paz y deleite; vemos una perspectiva agradable, y estamos dispuestos a gritar como Pedro en el monte de la transfiguración: «¡Es bueno estar aquí!» ¡Qué maná escondido encontramos ahora! Esto es la anticipación o el anticipo de la gloria.

OBJECIÓN 3: Pero si me someto a este ejercicio violento de la piedad, entonces perderé el placer que tengo en mi pecado, mi alegría y mi melodía, y cambiaré el deleite por el trabajo; y así no seré más Noemi-sino Mará. Las personas voluptuosas hablan como la higuera en la parábola. «¿Dejaré mi gordura y mi dulzura», todos mis antiguos placeres, y ofreceré ahora violencia al Cielo, viviré una estricta vida mortificada? Esto cruza la corriente de la naturaleza corrupta.

Respuesta 1: ¡Deja el placer en el pecado!

La Escritura describe de tal manera el pecado, que uno pensaría que debería haber poco placer en él.

(1.) La Escritura llama al pecado una deuda. El pecado se compara con una deuda de «diez mil talentos» (Mat. 18:24). Un talento de oro entre los hebreos, era valorado en casi cuatro mil libras. Diez mil talentos es un discurso figurado, para expresar cuán grande es la deuda del pecado; ¿y llamas a esto un placer? ¿Es un placer para un hombre estar endeudado?

(2.) La Escritura llama al pecado una enfermedad, (Isaías 1:5) «Toda la cabeza está enferma». ¿Es un placer estar enfermo? Aunque no todos sienten esta enfermedad, cuanto menos se siente el mal, más mortal es.

(3.) La Escritura compara el pecado con la «hiel y el ajenjo» (Deut. 29:18). Engendra un gusano amargo en la conciencia. El pecado pica al hombre con ira, (Juan 3:34). ¿Y llamas a esto un placer? Ciertamente, «pones lo amargo por lo dulce» (Isaías 5: 20).

Respuesta 2: Los placeres del pecado gratifican sólo los sentidos del hombre, y no son el alma. Los placeres se llaman carnales, porque sólo deleitan el cuerpo. Cuán absurdo fue el discurso del hombre rico en el Evangelio, cuando hablaba de sus bienes y de que sus graneros estaban llenos, «alma, descansa» (Lucas 12:19). Podría haber dicho más apropiadamente: «cuerpo, descansa», porque su alma nunca fue mejor por sus riquezas, ni pudo sentir ningún deleite en ellas. Aunque sus graneros estaban llenos, su alma estaba vacía. Por lo tanto, cuando Satanás te diga: «si usas la violencia para el cielo, perderás todos tus placeres», pregúntale: «¿qué placeres son, Satanás? los que sólo complacen a los sentidos, no deleitan la mente; no consuelan la conciencia; ¡son deleites tales que las criaturas brutas me superan!»

Respuesta 3: Estos placeres azucarados en el pecado la Escritura dice que son sólo «por una temporada» (Heb. 11:25). Son como la paja en el fuego, que arde, pero se apaga enseguida. (1 Juan 2:17) «El mundo pasa, y sus deseos». Pasa rápidamente como un barco que navega. Los placeres mundanos perecen en el uso; como una sombra fugaz o un relámpago; ¿y han de preferirse estos antes que un peso eterno de gloria? (2 Cor. 4:17).

Respuesta 4: La dulzura actual que hay en el pecado se convertirá al final en amargura. Como el libro que comió el profeta (Ezequiel 3:3), dulce en la boca-pero amargo en el vientre. La miel es dulce, pero se convierte en náuseas. El pecado es un dulce veneno, que deleita el paladar, pero atormenta el alma. Cuando los ojos del pecador se abren al morir, y siente algunas chispas de la ira de Dios en su conciencia, entonces gritará de horror, y estará listo para poner las manos violentas sobre sí mismo. Podemos decir de los placeres del pecado, como Salomón dice del vino, (Prov 23:32). «Después muerde como una serpiente».

Así que no mires los sonrientes placeres del pecado; no te deleites con su belleza, sino asústate de su aguijón. ¿Sienten ahora los condenados en el infierno algún placer en sus pecados? ¿Tiene su copa de ira una gota de miel en ella? Oh, recuerden, después de las coronas de oro y de los cabellos de las mujeres, vienen los dientes de los leones. (Apocalipsis 4:4-7). Así he respondido a la primera parte de la objeción; yo perderé todos mis placeres en el pecado.

OBJECIÓN 4: Si ejerzo esta violencia en la piedad, cambiaré mi deleite por el trabajo. Debo cavar a través de la roca, y mientras trabajo debo llorar.

Respuesta: Aunque tengas que usar la violencia, es una violencia dulce; es un trabajo convertido en placer. (Salmo 138:5) «Cantarán en los caminos del Señor». Enviar la fe como un espía para ver la Canaán celestial, y arrancar allí un racimo de uvas, es un gran deleite. (Rom 15:13) «La alegría de creer». Amar a Dios, (en quien se combinan todas las excelencias) ¡qué dulce es esto! Amar la belleza es delicioso.

Caminar entre las promesas como entre lechos de especias y saborear el fruto, ¡oh, qué agradable es esto! El trabajo de un cristiano trae paz de conciencia, y gozo en el Espíritu Santo. Y mientras se dice que esta santa violencia nos quita la alegría, y que mientras trabajamos debemos llorar; yo respondo que un cristiano no estaría sin estas lágrimas. «Las lágrimas de un santo» (dice Bernardo) «tienen más alegría verdadera que todos los deleites mundanos». El aceite de la alegría es para los dolientes (Isaías 61:3).

OBJECION 5 Quisiera usar esta violencia por el Cielo, pero me expondré a la censura y al desprecio de los demás. Se asombrarán al verme tan alterado, y pensarán que no es más que un frenesí religioso.

Respuesta 1: Considera quiénes te reprocharán; ¡son los malvados! Son los que, si Cristo viviera en la tierra, le reprocharían. Están cegados por Satanás, el dios de este mundo, (2 Cor. 4:4). Es como si un ciego reprochara un rostro hermoso.

Respuesta 2: ¿Qué te reprochan? Es por ofrecer violencia al Cielo. ¿Es una desgracia estar trabajando para un reino? Diles que estás haciendo el trabajo que Dios ha puesto en marcha. Es mejor que te reprochen por trabajar en la viña, que Dios te condene por no trabajar.

Respuesta 3: Jesucristo fue vituperado por ti, (Heb 12:2) «Soportó el oprobio de la cruz»; ¿y no te conformarás con soportar los oprobios por él? Estos no son más que las astillas de la cruz, que más bien hay que despreciar que en el corazón.

OBJECION 6: Si hago uso de esta santa violencia, y me vuelvo religioso, entonces perderé las ganancias anuales que mi pecado ha traído. Como dijo Amasías: «¿Y los cien talentos que pagué por estas tropas israelitas?» (2 Crón. 25:9).

Respuesta: ¿Hay algún beneficio en el pecado? ¿Hubo alguna vez alguien que prosperara con ese comercio? Cuando hayas hecho la cuenta, no encontrarás más que un pequeño beneficio.

(1.) Por los ingresos que trae el pecado, atesoras la venganza de Dios (Romanos 2:5). Mientras tú pones la ganancia injusta en la bolsa, Dios pone la ira en su frasco. ¿Llamas a esto ganancia? ¡Todo el dinero que un hombre obtiene de manera pecaminosa debe pagar intereses por ello en el infierno!

(2.) Eso no puede ser para tu beneficio, que te hace salir perdedor al final. Pierdes el cielo y tu alma; ¿y qué puede compensar esta pérdida? «¿De qué le sirve al hombre ganar el mundo entero, si pierde su alma?» (Mateo 16:26) «Dios» (dice Crisóstomo) «ha dado al hombre dos ojos; si pierde uno, tiene otro». Pero sólo tiene un alma, y si la pierde está deshecho para siempre.

OBEJECIÓN 7: Pero tengo tantos asuntos en el mundo que no encuentro tiempo para esta santa violencia. Como dijo el rey de Macedonia, cuando le presentaron un libro que trataba de la felicidad: «¡No tengo tiempo para esto!».

Respuesta 1: Vean la insensatez de esta objeción; ¿cuál es el principal negocio de la vida, sino cuidar el alma? Y que los hombres digan que están tan inmersos en el mundo, que no pueden ocuparse de sus almas, es de lo más absurdo e irracional. Esto es hacer que lo más grande ceda el paso a lo más pequeño. Como si un agricultor dijera que está tan ocupado con sus aficiones que no tiene tiempo para arar o sembrar. ¿Cuál es su ocupación sino arar? Es una locura oír a los hombres decir que están tan ocupados con el mundo que no tienen tiempo para su alma.

Respuesta 2: ¿Podría Dios encontrar tiempo para pensar en tu salvación? ¿Podría Jesucristo encontrar tiempo para venir al mundo, y estar aquí treinta y tres años para llevar a cabo este gran designio de tu redención; ¿y no encuentras tiempo para ocuparte de él? ¿Es la obtención de un poco de dinero lo que obstruye esta violencia para el Cielo? ¡Tu dinero perecerá contigo! (Hechos 8:20).

Respuesta 3: ¿Puedes encontrar tiempo para tu cuerpo? tiempo para comer y dormir? y no encontrar tiempo para tu alma? ¿Encuentras tiempo para tu recreación? y no encuentras tiempo para tu salvación? ¿Puedes encontrar tiempo para visitas ociosas? y no encontrar tiempo para visitar el trono de la gracia?

¡Oh, tened cuidado de no ir al infierno en la multitud de los negocios mundanos! Josué era un comandante de un ejército; sin embargo, su trabajo como soldado no debía obstaculizar su trabajo como cristiano: debía orar además de luchar, y tomar el libro de la ley en su mano, además de la espada, (Josué 1:8).

Tú, quienquiera que seas, que haces esta objeción acerca de los negocios mundanos, permíteme preguntarte: ¿piensas en tu conciencia, que esto será una buena excusa en el último día, cuando Dios te pregunte: «¿Por qué no te preocupaste por el cielo?» Dirás: «Señor, estaba tan ocupado con los negocios mundanos, que me lo impidieron». ¿Acaso es un buen argumento que un siervo le diga a su amo que estaba tan borracho que no podía trabajar? En verdad, es una pobre excusa decir que «estabas tan borracho con los afanes del mundo, que no podías ser violento para el reino».

XVII

Motivos para exhortar a todos los cristianos a ofrecer violencia

Habiendo respondido a estas objeciones, permítanme reanudar la exhortación, instando a todos los cristianos a esta violencia por el reino celestial. Así como los tres valientes de David arriesgaron sus vidas y atravesaron el ejército de los filisteos para obtener agua, (2 Sam. 23:46), tal clase de violencia debemos usar, rompiendo todos los peligros para obtener el «agua de vida».

I. La condición natural del hombre.

Considera la deplorable condición en la que nos encontramos por naturaleza: un estado de miseria y condenación; por lo tanto, ¿qué violencia deberíamos utilizar para salir de ella? Si uno se sumergiera en arenas movedizas, ¿podría ¿no usar la violencia para salir? El pecado es una arena movediza, y ¿no es prudente salir de ella? David, estando rodeado de enemigos, dijo: «Su alma estaba entre leones» (Salmo 57:4).

Es cierto en un sentido espiritual, nuestra alma está entre leones. Cada pecado es un león que quiere devorarnos. Y si estamos en la boca del lobo, ¿no deberíamos usar la violencia para salir? Los ángeles usaron la violencia con Lot; lo agarraron y lo sacaron de Sodoma (Gn. 19:16). Tal violencia debe usarse para salir de la Sodoma espiritual. No es seguro permanecer en los cuarteles del enemigo.

II. La posibilidad de alcanzar el cielo en Cristo.

Es posible que en el uso de los medios podamos llegar a la felicidad. La imposibilidad destruye el esfuerzo; pero aquí se abre una puerta a la esperanza. La cosa es factible. No es con nosotros como con los condenados en el infierno; hay una lápida rodada sobre ellos. Pero mientras estemos bajo el sonido de la campana de Aarón, y la trompeta de plata del evangelio sea tocada en nuestros oídos, mientras el espíritu de la gracia respire en nosotros, y estemos de este lado de la tumba, hay una gran esperanza de que mediante la santa violencia podamos ganar el Paraíso.

La imposibilidad absoluta de salvación es sólo para aquellos que han cometido el pecado imperdonable contra el Espíritu Santo, y no pueden arrepentirse; pero quiénes son éstos, es un secreto sellado en el libro de Dios. Pero aquí hay un gran estímulo para que todos sean serios y serios en los asuntos de la eternidad, porque todavía están en capacidad de misericordia, no se ha dictado ya ninguna sentencia final; Dios no ha levantado todavía el puente levadizo de la misericordia. Aunque la puerta del Paraíso es estrecha, no está cerrada.

Esto debería ser como aceite para las ruedas, para hacernos vivos y activos en el negocio de la salvación. Por lo tanto, así como el agricultor ara con esperanza (Santiago 5), nosotros debemos orar con esperanza; y hacer todo nuestro trabajo para el cielo con esperanza, pues la bandera blanca de la misericordia aún se mantiene en alto. Mientras hubiera grano en Egipto, los hijos de Jacob no se sentaban a pasar hambre en casa, (Gn. 43:3). Mientras haya un reino que obtener, no nos sentemos a pasar hambre en nuestros pecados por más tiempo.

III. Esta violencia por el Cielo es el gran negocio de nuestras vidas.

¿Para qué otra cosa hemos venido al mundo? No hemos venido aquí sólo para comer y beber, y vestir ropas finas; sino que el fin de nuestra vida es ser violentos para el reino de la gloria. Si sólo se cuidara el cuerpo, sería para pulir la vaina, y dejar que se oxide la hoja; para conservar la madera, y dejar que se queme el hijo.

Dios nos envía al mundo como un mercader envía sus mercancías a comerciar para él allende los mares. Así Dios envía nos ha puesto aquí para seguir un oficio espiritual, para servirle y salvar nuestras almas. Si gastamos todo nuestro tiempo en vestir y mimar nuestro cuerpo, o en visitas ociosas, no daremos más que una triste cuenta a Dios, cuando nos envíe una carta de citación por la muerte y nos pida que demos cuenta de nuestra administración.

¿No es muy culpable el que se le da una gran cantidad de madera para construir una casa si sólo corta toda esta buena madera en astillas? Así es el caso de muchos; Dios les da un tiempo precioso en el que deben proveer para un reino, y desperdician este tiempo de vida y lo cortan todo en pedazos. Que esto excite la violencia en las cosas de Dios. Es el principal cometido de nuestra vida aquí, y ¿vamos a ir por el mundo y olvidar nuestro cometido?

IV. ¡Qué violentos son los malvados en los caminos del pecado!

¡Violentos por sus lujurias maliciosas! (Proverbios 1:16) «Sus pies corren hacia el mal». Thomas Cartwright comenta: «Sus dos pies son los que se apresuran para hacer con la violencia la maldad». Violentos por sus deseos impuros. Amnón ofreció violencia a su hermana; quería su lujuria, aunque le costara la vida. Los pecadores se agotan en el trabajo del diablo. (Jer. 9:5) «Se cansan de cometer iniquidad». Se quedan sin aliento al perseguir su pecado. (Jeremías 1:33) «Están locos por sus ídolos». Tan violentos eran los judíos, que no escatimaban en su culto idolátrico, (Isaías 46:6) «Derrochan oro de la bolsa».

Tan ferozmente estaban empeñados en la idolatría, que sacrificaban a sus hijos e hijas a sus dioses ídolos, (Jer. 32:35). «Construyeron los lugares altos de Baal para hacer pasar por el fuego a sus hijos y a sus hijas». ¿Eran los hombres así de violentos por sus lujurias e ídolos, y no seremos nosotros violentos por un reino?

Es más, ustedes que ahora están injertados en Cristo, ¿cuán violentos han sido algunos de ustedes anteriormente en el mal? ¿Cómo os gastasteis antes en el pecado? Tal vez incluso como Pablo, que antes de su «conversión exhalaba amenazas y matanzas contra los discípulos del Señor» (Hechos 9:1).

Tal vez habéis sido violentos en atraer a otros al pecado, habéis sido tentadores para ellos; y tal vez algunos de los que habéis seducido al pecado, están ahora llorando por vosotros en el infierno, y diciendo que nunca habrían llegado allí, si no hubiera sido por vuestro ejemplo. ¿No debería la consideración de esto humillarte? ¿No debería esto haceros más violentos en la piedad, para que podáis dar algo de gloria a Dios antes de morir? ¿No deberías ser tan diligente para salvar almas como lo has sido para condenarlas? ¿a qué te refieres? Si vivieras hasta la edad de Matusalén, nunca podrías hacerle a Dios un servicio suficiente por la deshonra que le has hecho.

V. Esta santa violencia tiene mucho deleite mezclado con ella.

«Todos sus caminos son caminos deleitosos» (Prov 3:17) Aunque el camino de la piedad tiene espinas (con respecto a la persecución), sin embargo, está lleno de rosas, con respecto a la paz interior y la satisfacción que el alma encuentra en él. Un hombre es violento en su recreación; pero hay un deleite interior que toma en ella que endulza esa violencia. Pablo hizo de la piedad su recreación. (Rom 7:22). «Me deleito en la ley de Dios según el hombre interior».

En el griego, «sunédomai» se traduce como «me deleito» o «me complazco». No sólo el cielo en sí mismo es delicioso, sino el camino hacia él. ¿Qué delicia tiene un alma llena de gracia en la oración? (Isaías 56:7) «Los haré gozar en la casa de oración». ¡Qué deleite en la santa contemplación! El cristiano recibe tales influencias del Espíritu, y se encuentra con tales transfiguraciones del alma, que se cree medio en el cielo. Servir a Dios es como recoger especias o flores, en lo que hay algo de trabajo, pero el trabajo es recompensado con deleite.

El camino del pecado es amargo. Los osos, mientras lamen la miel, son picados por las abejas. Así, mientras los hombres siguen sus lujurias, tienen controles de conciencia, que son un anticipo del infierno. Más vale carecer de la miel, que tener este aguijón. Pero la violencia por el cielo está condimentada con tal alegría, que no es trabajo, sino placer.

VI. Esta violencia y actividad de espíritu en la piedad, da brillo al cristiano.

Cuanto más excelente es algo, más activo es. El sol es una criatura gloriosa, como un gigante «corre su carrera» (Salmo 19:5). El fuego, el elemento más noble, brilla vigorosamente. Los ángeles son descritos con alas, (Isaías 6:2). que es un emblema de su rápida obediencia. Cuanto más violentos somos en la piedad, más angelicales somos.

VII. Cristo estuvo involucrado en esta guerra.

¡Qué violento fue Cristo con nuestra salvación! Estaba en agonía; «pasó toda la noche en oración», (Lucas 6:2). Lloró, ayunó, tuvo una muerte violenta; se levantó violentamente de la tumba. ¿Fue Cristo tan violento por nuestra salvación, y no conviene que seamos violentos nosotros, que estamos tan íntimamente implicados en ella? La violencia de Cristo no sólo fue sustitutiva sino ejemplar. No fue sólo para apaciguar a Dios, sino para enseñarnos. Cristo fue violento al morir para enseñarnos a ser violentos al vivir y creer.

VII. La violencia trae descanso.

Esta santa violencia trae el descanso. Thomas de Aquino escribe: «todo lo que está en movimiento tiende a descansar». (Heb. 4:9) «Queda un descanso para el pueblo de Dios». En efecto, hay un movimiento que no tiende al descanso; los que son violentos en el camino del pecado nunca tendrán descanso, (Apocalipsis 4:8) «No tienen descanso, ni de día ni de noche».

Los que no tienen gracia, no tendrán descanso. Pero la violencia del cristiano conduce al descanso. Como el viajero cansado se sienta por la noche y descansa, (Salmo 116:7) «Vuelve a tu descanso, oh alma mía». La violencia santa es como el vuelo de la paloma de Noé hacia el arca, donde encontró descanso.

IX. El Espíritu nos asiste en la batalla.

Si utilizamos la violencia de la que somos capaces, Dios nos ayudará. «Es Dios quien obra en vosotros para querer y obrar según su buen propósito». (Filipenses 2:13). El Espíritu nos ayuda en la oración y así, proporcionalmente, en todos los demás deberes de piedad. «El Espíritu nos ayuda en nuestra debilidad» (Romanos 8:26). Las promesas animan, y el Espíritu capacita. En todas las carreras terrenales el hombre corre con sus propias fuerzas; pero en la carrera hacia el cielo tenemos el Espíritu de Dios que nos ayuda; no sólo nos da la corona, cuando hemos terminado de correr, sino que nos da piernas para correr; nos da gracia vivificante y asistencial.

El Espíritu de Dios que nos ayuda facilita nuestro trabajo. Si otro nos ayuda a llevar una carga, es menos difícil. Si el imán atrae al hierro, no es difícil que el hierro se mueva. Si el Espíritu de Dios, como un imán divino, atrae y mueve el corazón en la obediencia, entonces el trabajo continúa con más facilidad.

«Él da fuerza a los cansados y aumenta el poder de los débiles. Incluso los jóvenes se cansan y se fatigan, y los jóvenes tropiezan y caen; pero los que esperan en el Señor renovarán sus fuerzas. Se remontarán sobre alas como las águilas; correrán y no se cansarán, caminarán y no se fatigarán» (Isaías 40:29-31).

X. Te guardará de pecar.

Esta bendita violencia en la piedad, sería preventiva de muchos pecados. Mientras los hombres están ociosos en la viña, son presa de toda tentación. Satanás siembra la mayor parte de su semilla de tentación en los corazones que están en barbecho. Cuando ve que la gente está desocupada, encontrará trabajo para que lo haga; los incitará a un pecado u otro. «Mientras todos dormían, vino su enemigo y sembró cizaña entre el trigo» (Mateo 13:25).

Cuando Satanás encuentra a los hombres en una condición somnolienta, su tiempo de sueño es su tiempo de tentación. Pero con santa violencia, impedimos el designio del Diablo; estamos tan ocupados en la salvación que no tenemos tiempo libre para escuchar la tentación. Jerónimo aconsejó a su amigo que estuviera siempre bien empleado, para que cuando Satanás vino con una tentación que podría encontrarlo trabajando en la viña.

Cuando el pájaro está volando, está a salvo; cuando se sienta quieto en la rama, corre el peligro de ser disparado. Cuando un cristiano se sienta quieto y está inactivo, entonces el Diablo le dispara con sus «dardos de fuego». «¡Velad y orad para no caer en la tentación!». (Mateo 26:41).

XI. Tiene más valor que el esfuerzo por las cosas terrenales.

Considera la insensatez de quienes son violentos por el mundo, pero no por el glorioso reino de los cielos. ¡Ay, qué insípidas son todas estas cosas por las que derramamos nuestro sudor y nuestra violencia! No nos harán felices. El rey Salomón destiló la quintaesencia de todas las cosas terrenales, y dijo: «he aquí que todo es vanidad», (Eclesiastés 2:8)

(1.) Estas cosas terrenales por las que nos esforzamos tanto son inciertas, (1 Tim. 6:17). No es seguro que los consigamos. Todos los que son pretendientes de una virgen no tienen éxito. Todos los que acuden a una lotería no han ganado un premio.

(2.) Estas cosas terrenales por las que nos esforzamos tanto, son insatisfactorias. Podrían los hombres amontonar la plata como el polvo; si tuvieran tanto como el Diablo prometió a Cristo, «Todos los reinos del mundo, y la gloria de ellos»; sin embargo, no pueden llenar el corazón más de lo que una gota de agua puede llenar una cisterna. (Ecles. 5:16) «¿Qué provecho tiene el que ha trabajado por el viento?»

(3.) Estas cosas terrenales por las que nos esforzamos tanto, son transitorias; la muerte se alimenta de la raíz. Todas las posesiones mundanas son como un castillo de nieve bajo el sol; o como un ramo de flores, que se marchita mientras las estamos oliendo. Oh, qué locura es poner toda la violencia de uno por el mundo, que no es más que «por una temporada», y no por Cristo y la gracia. Como si un condenado se esforzara por conseguir su cena, pero no se preocupará por conseguir su perdón.

XII. Esta violencia es para un reino.

El reino de los cielos sufre violencia. ¿Y por qué seremos violentos, si no es por un reino? Los hombres vadearán un reino a través de la sangre: este es un reino por el que vale la pena luchar. Chipre es una isla tan sumamente fértil y agradable, que antiguamente se llamaba Macaria, que significa bendita. Este título de bendita puede ser más apropiado para el reino celestial. Si las montañas fueran de oro, si cada arena del mar fuera un diamante, si todo el globo fuera una *crisolita* brillante, todo estaría infinitamente por debajo de la gloria de este reino.

(1.) Las bendiciones del reino celestial son grandes.

(1) Habrá libertad del pecado. Aquí en la tierra, el pecado se mantiene en casa con nosotros; es tan natural para nosotros pecar como respirar. El alma más refinada y limpiada por la gracia, no está exenta de algunas heces de corrupción. Pablo clamó por un «cuerpo de pecado». El que es inoculado en Cristo todavía tiene un sabor y gusto del olivo silvestre. Pero cuando ascendamos al reino celestial, este manto de pecado caerá. Ese reino es tan puro, que no se mezclará con ninguna corrupción. Un pensamiento pecaminoso no se arrastrará allí. Hay belleza que no está manchada por la lujuria, y honor que no está hinchado por el orgullo. «Nada impuro entrará en ella, ni nadie que haga lo que es vergonzoso o engañoso, sino sólo aquellos cuyos nombres están escritos en el libro de la vida del Cordero» (Apocalipsis 21:27).

(2) En ese reino bendito habrá libertad de los asaltos del dragón rojo. Es triste que Satanás nos solicite diariamente con sus tentaciones y se esfuerce por engañarnos para que pequemos. La tentación es el complot de la pólvora del Diablo para hacer estallar el fuerte real de nuestra gracia; pero esta es la bendita libertad del reino celestial, no es capaz de tentaciones. La vieja serpiente es expulsada del Paraíso.

(3) En ese bendito reino no habrá divisiones. En este mundo las propias tribus de Dios van a la guerra. Efraín envidia a Judá, y Judá veja a Efraín. La lanza del soldado atravesó el costado de Cristo; pero las divisiones de los santos atraviesan su corazón.

Cristo oró para que todo su pueblo fuera uno, como él y su Padre son uno (Juan 17:21). Pero, ¡cómo los cristianos, con sus discordias y animosidades, tratan de frustrar con todo su poder la oración de Cristo! Pero en el reino de los cielos hay un amor perfecto, que, así como echa fuera el miedo, echa fuera la contienda.

Aquellos cristianos que no pudieron vivir tranquilamente juntos aquí, en ese reino estarán unidos. En eso coinciden Calvino y Lutero. En ese reino celestial no habrá vilipendios ni calumnias de unos a otros, ni se rastrillarán las llagas que Cristo murió para curar. Los cristianos que no podían orar juntos, cantarán juntos en ese glorioso coro: no habrá una sola cuerda que se desborde en la música de los santos.

(4) En ese reino celestial habrá libertad de todas las aflicciones. Nuestras vidas ahora están entrelazadas con problemas. "Mi vida es consumida por la angustia y mis años por el gemido; mis fuerzas se agotan a causa de mi aflicción, y mis huesos se debilitan» (Salmo 31:10). Hay muchas cosas que provocan inquietud; a veces la pobreza aflige; a veces la enfermedad tortura; a veces la falta de amabilidad de los amigos rompe el corazón. Nuestras vidas, como los mares, están llenas de tempestades. Pero en el reino de los cielos no hay nada que dé pena. Allí, todo es sereno y tranquilo; no hay nada dentro que perturbe, ni fuera que moleste.

(2.) Las regalías y las excelencias de ese reino celestial son grandes.

Podemos decir del cielo, como se dijo de Lais, (Jueces 18:9-10) «Hemos visto la tierra, y he aquí que es muy buena; un lugar donde no falta nada».

(1) ¡El reino celestial abunda en Riquezas! (Apocalipsis 21:27). «Las doce puertas eran doce perlas». Los reinos terrestres se complacen en traficar con oro y especias. En el reino de Dios, todas las rarezas se pueden obtener, todos los productos son de su propio crecimiento, por lo tanto, se figura por el árbol de la vida que lleva varias clases de fruta (Apocalipsis 22:2). ¡Qué rico es ese lugar donde la bendita Deidad brilla en su inmensa gloria infinitamente más allá de la comprensión de los ángeles!

(2) Las delicias del reino celestial no tienen límites. Las comodidades de aquí abajo están a cuadros. El honor puede estar manchado con la desgracia; la alegría entretejida con la tristeza. Nuestras estrellas están mezcladas con nubes; pero los manjares del cielo son puros además de agradables. Hay miel que no tiene ni una gota de hiel. El manantial de cristal de la alegría no tiene asentamientos de tristeza en el fondo. La rosa en ese paraíso no tiene espinas; el sol en ese horizonte no tiene eclipse.

(3) Este reino de arriba es durable. Supongamos que los reinos terrenales sean más gloriosos que ellos, que sus cimientos sean de oro, que sus muros sean de perlas, que sus ventanas sean de zafiro, pero que sigan siendo corruptibles, (Os. 1:1) «Haré cesar el reino». Troya y Atenas yacen ahora enterradas en sus propias ruinas. Pero el reino de la gloria, como está hecho sin manos, no tiene fin. Es «el reino eterno» (2 Pe. 1:11). Ahora bien, creo que, si alguna vez usamos la violencia, debe ser para este reino.

(4) Este reino compensará todo nuestro trabajo y nuestras penas.

>«Cornelius a Lapide, comentando sobre 1 Corintios 9:24, escribe: Dice que en efecto: "Oh, cristianos, no os limiteís a correr debidamente para conseguir, sino que corred bien y rápido para llevaros el primer y más esplendido premio de la gloria". Cada uno, dice Crisóstomo, debe esforzarse por ser el primero en el cielo y recibir allí el primer premio».

César, marchando hacia Roma, y oyendo que todo el pueblo huía de ella, dijo: no van a luchar por esta ciudad, ¿por qué ciudad van a luchar? Así pues, si no vamos a ejercer la violencia por este Reino de los Cielos, ¿para qué vamos a ser violentos? Digo a todos, como los hijos de Dan en otro sentido, (Jueces 18:9) «Hemos visto la tierra, y he aquí que es muy buena; ¿y vosotros estáis quietos? No seáis perezosos para ir y entrar a poseer la tierra».

XIII. Cuanta más violencia hayamos empleado para el Cielo, más dulce será el Cielo cuando lleguemos allí.

Como cuando un hombre ha estado injertando árboles, o colocando flores en su jardín, es agradable repasar y mirar sus labores en el Reino. Así en el Cielo, cuando recordemos nuestro antiguo celo y actividad por el reino, esto realzará el Cielo, y aumentará su gozo. Que un cristiano piense: Qué día pasé examinando mi corazón; qué día estuve llorando por el pecado; cuando otros estaban en su deporte, yo estaba en mis oraciones. Y ahora, ¿he perdido algo con esta violencia? Mis lágrimas están enjugadas, y el vino del paraíso alegra mi corazón. Ahora disfruto de aquel a quien mi alma ama. Ahora tengo la corona y las vestiduras blancas que tanto anhelaba. ¡Oh, qué agradable será pensar que este es el cielo por el que mi Salvador sangró, y por el que yo sudé!

XIV. Cuanta más violencia pongamos en la piedad, mayor medida de gloria tendremos.

Que hay grados de gloria en el cielo me parece indiscutible.

(1) Hay grados de tormento en el infierno; por lo tanto, por la regla de los contrarios, hay grados de gloria en el cielo.

(2) La Escritura habla de *la recompensa* de un profeta, (Mat. 10:41). Que es un grado superior a los demás.

(3) Se dice que los santos brillan como las estrellas, (Daniel 12). Una estrella difiere de otra en la gloria.

Así que hay gradaciones de felicidad; y de este juicio es Calvino; como también muchos de los antiguos padres. Considera, pues, seriamente, que cuanto más violentos seamos por el Cielo, y cuanto más trabajemos por Dios, mayor será nuestra recompensa. Cuanto más ardiente sea nuestro celo, más brillante será nuestra corona. Si pudiéramos oír a las benditas almas difuntas hablándonos desde el Cielo, seguramente dirían:

«Si dejáramos. Si tuviéramos que ir al cielo por un tiempo y volver a morar en la tierra, haríamos a Dios mil veces más servicio del que hemos hecho hasta ahora. Oraríamos con más vida, actuaríamos con más celo; pues ahora vemos que cuanto más hemos trabajado, más asombrosa es nuestra alegría y más floreciente nuestra corona».

XV. Sobre nuestra violencia por el Reino Dios ha prometido misericordia.

(Mateo 7:7) «Pedid y se os dará; buscad y encontraréis; llamad y se os abrirá».

(1.) *Pedir.*

Pide con importunidad. Un pedido débil pide una negación. El rey Asuero se levantó con su cetro de oro y le dijo a la reina Ester: «¡Pide y se te dará la mitad del reino!». Pero Dios dice más: «¡Pide y te dará todo el reino!» (Lucas 12:32). Es observable que la puerta del tabernáculo no era de bronce, sino que tenía una fina cubierta, un velo, para que pudieran entrar fácilmente en ella. Del mismo modo, la puerta del Cielo se facilita mediante la sangre de Cristo, para que nuestras oraciones elevadas con fervor puedan entrar. A nuestra petición, Dios ha prometido dar su espíritu (Lucas 11:13). Y si da su Espíritu, dará su reino; el Espíritu primero unge, 1 Juan 2:27, y después de su aceite de unción viene la corona.

(2.) Buscad y encontraréis.

Pero, ¿no se dice: «¿Muchos buscarán entrar, y no podrán»? (Lucas 13:24). Respondo que eso es porque buscan de manera equivocada.

(1) Buscaron ignorantemente, erigiendo un altar al dios desconocido. Es difícil buscar perlas en la oscuridad. La gente ignorante busca el Cielo por

sus buenos significados; buscan en la oscuridad, y no es de extrañar que pierdan la salvación.

(2) Ellos buscaban con orgullo. Buscaban el cielo por sus propios méritos, mientras que nosotros debemos buscar el reino con la fuerza de Cristo y en su nombre.

(3) Buscaban perezosamente; como la esposa buscaba a Cristo en su lecho y no lo encontró, (Cant. 3:1). Así muchos buscan a Cristo de manera supina; buscan, pero no se esfuerzan.

(4) Buscaron hipócritamente. Querían tener el cielo y también sus deseos. Pero que tales buscadores no piensen nunca en encontrar la felicidad; que no creen que puedan acostarse en el regazo de Dalila e ir al seno de Abraham cuando mueran.

(5) Buscaban inconstantemente. Como la misericordia no llegó inmediatamente, dejaron de buscar.

Pero si buscamos cordialmente el reino de los cielos, Dios ha empeñado su verdad en una promesa, y encontraremos, (Jer 29:13) «Entonces me encontraréis, cuando me busquéis de todo corazón».

(3.) Golpea y se abrirá.

Golpear implica violencia. Pero debemos hacer como Pedro (Hechos 12:16). «Debemos seguir llamando con la oración, y la puerta del cielo se abrirá. ¿Cómo puede ser esto como aceite para las ruedas? ¿Cómo puede alentar la santa violencia cuando tenemos una promesa tan bondadosa de misericordia cuando la buscamos seriamente?»

XVI. Esta santa violencia no impedirá a los hombres en sus empleos seculares.

La violencia por el reino, y la diligencia en una vocación, no son inconsistentes. Cristianos, podéis trabajar por el Cielo y, sin embargo, trabajar en un oficio. Dios les ha dado un cuerpo y un alma, y les ha asignado tiempo para proveer a ambos. Les ha dado un cuerpo, por lo tanto, sean diligentes en su llamado; les ha dado un alma, por lo tanto, sean violentos para el Cielo. Estas dos cosas pueden ir juntas: proveer a una familia y orar en una familia. El que no se ejercita en algún empleo honesto, es culpable de la infracción de aquel mandamiento, seis días trabajarás (Ex. 20:9).

Dios nunca selló garantías para la ociosidad. «Es importante que se ocupen de trabajar». El perezoso será acusado en el día del juicio por dejar que su campo se llene de espinas (Prov. 24:30-31).

Son hipócritas los que hablan de vivir por la fe, pero se niegan a vivir por vocación. Sólo recuerda que las penas que tomes en la piedad deben ser mayores que las otras, (Mat. 7:33), «Buscad primero el reino de Dios». Primero, en orden de tiempo, antes que todas cosas; y primero en orden de afecto, sobre todas las cosas. Tu alma es la parte más noble, por lo que debe ser la que más se cuide. En tu vocación muestra diligencia; en la piedad, muestra violencia.

OBJECIÓN 1: Pero algunos dirán que estamos tan agobiados por el mundo que todo el tiempo para la piedad es absorbido; no podemos tener un descanso de nuestra vocación para leer u orar.

Respuesta: Si vuestro oficio es tal que no podéis permitiros tiempo para vuestras almas entonces su comercio es ilegal. Hay dos cosas que hacen que un comercio sea ilegal.

(1) Cuando las personas comercian con productos que saben que no pueden ser utilizados sin pecado, como la venta en el mercado negro o la venta de imágenes idolátricas y crucifijos.

(2) Cuando su oficio los involucra de tal manera en los negocios mundanos, que no pueden preocuparse por la eternidad, ni hacer una salida al trono de la gracia. Están tan metidos en la tienda, que no pueden estar en el armario. Si se encuentra tal comercio, sin duda es ilegal. Pero que los hombres no pongan este problema en su oficio, sino en ellos mismos; su oficio les daría permiso para servir a Dios, pero su codicia no les dará permiso. Oh, cuántos ponen una falacia sobre sus propias almas, y se engañan a sí mismos en el infierno.

XVII. La brevedad de la vida.

Por lo tanto, sólo se nos concede un corto espacio de tiempo para trabajar más duro por el cielo antes de que sea demasiado tarde. De hecho, somos propensos a soñar con una larga vida, como si no fuéramos forasteros sino nativos, y fuéramos a residir aquí siempre.

La flor de la infancia espera llegar al brote de la juventud; y el brote de la juventud espera llegar a la flor de la edad madura; y la flor de la edad madura espera llegar a la vejez; y la vejez espera renovar su fuerza como el águila. Pero si medimos la vida con un par de brújulas bíblicas, es muy corta: se la compara con una «sombra voladora» (Job 8:17), a una «anchura de mano», (Salmo 39:5). como si no hubiera más que un lapso entre la cuna y la tumba. ¿Es el tiempo de la vida tan corto, y tal vez más corto de lo que sabemos? ¿Qué necesidad hay de mejorarla celosamente antes de que se nos vaya? Si el tiempo corre, que «corra así», (1 Cor. 9:24).

El que tiene un gran negocio entre manos, y el tiempo asignado para hacerlo es corto, no debe perder nada de ese tiempo. Un viajero que tiene que recorrer muchas millas, y la noche está a punto de acercarse, tiene que espolear con más fuerza, para que la noche no le alcance. De la misma manera, tenemos un largo viaje, la noche de la muerte se acerca, ¡cómo deberíamos usar espuelas para nuestros corazones perezosos, para que podamos avanzar más rápidamente!

XVIII. Considera lo corto de tu utilidad.

El día de gracia personal de un hombre puede ser corto. Hay un tiempo en el que el cetro de la gracia se sostiene, (2 Cor. 6:2). «Ahora es cuando se acepta tiempo». El Señor ha prefijado un tiempo en el que los medios de gracia obrarán o no. Si una persona no entra, para tal tiempo, Dios puede decir: «Nunca más crecerá fruto en ti». Una señal de que este día de gracia, ha pasado es cuando la conciencia ya no habla y el Espíritu de Dios ha terminado de esforzarse.

Si este día puede ser más largo o más corto, no podemos decirlo; pero debido a que puede transcurrir tan pronto, es sabio aprovechar la oportunidad presente, y usar toda la violencia para el Cielo. El día de se apresura. Ningún hombre puede (como Josué) pedir que este «sol se detenga»; y si este día crítico ha pasado una vez, no puede ser recuperado. Si el día de la gracia se pierde, el siguiente es un día de ira. Jerusalén tuvo un día, pero lo perdió, (Lucas 19:42). «Si hubieras sabido, incluso tú, al menos en este tu día, las cosas que pertenecen a tu paz; pero ahora están ocultas a tus ojos».

Después de la expiración del día de gracia, ningún medio o misericordia resultará eficaz. Ahora, «están ocultas a tus ojos». Lo cual es como el tañido de una campana lúgubre sobre una persona moribunda; por lo tanto, ejerce toda la violencia por el cielo y hazlo en este «tu día», antes de que sea demasiado tarde y se cumpla el decreto.

XIX. Si descuidan el ofrecimiento de la violencia, ahora, no habrá ayuda para ustedes después de la muerte.

Cuando los hombres abran sus ojos en el otro mundo y vean en qué condición condenada han pecado, ¡oh, ahora qué no harían, qué violencia usarían ahora, si hubiera una posibilidad de ser salvados!

Una vez cerrada la puerta de la misericordia, si Dios pusiera nuevas condiciones mucho más duras que las anteriores, estarían de acuerdo con ellas.

Si Dios dijera al pecador después de la muerte, ¿estarías contento de regresar a la tierra, y vivir allí bajo la grada de la persecución mil años por mi causa? «Sí, Señor, me suscribiré a esto, y soportaré la furia del mundo, para tener al fin tu favor». Dios le diría: «¿Pero te conformarás con servir de aprendiz en el infierno mil años, donde sentirás el gusano roer y el fuego arder?», el pecador respondería: «¡Sí, Señor, incluso en el infierno me someto a ti; para que después de mil años tenga una liberación y ese "cáliz amargo" pase de mí!» Dios: «Pero, ¿soportarás por cada mentira que has dicho el potro de tortura? ¿quieres llenar de lágrimas cada uno de tus juramentos? ¿quieres estar diez mil años vestido de saco y ceniza por cada pecado que has cometido?», pecador: «Sí, Señor, todo esto y más, si lo exigís, lo suscribiré; ahora me contento con usar cualquier violencia si al fin puedo ser admitido en vuestro reino». «¡No!» Dios dirá: «no se te propondrá tal condición, no habrá posibilidad de favor, sino que yacerás para siempre entre los condenados; ¿y quién es capaz de morar con las quemaduras eternas?»

Oh, por tanto, sean sabios a tiempo, ahora mientras los términos de Dios son más fáciles, abracen a Cristo y al cielo, pues después de la muerte no habrá nada que hacer por sus almas. El pecador y el horno de fuego no se separarán nunca.

XX. Estar involucrado es un deber.

¡Cuánta falta de defensa os hará, si descuidáis esta violencia por el Cielo! Me parece oír a Dios exponer así el caso a los pecadores en el último día: «¿Por qué no os habéis preocupado por el Cielo? ¿No ha habido un profeta entre ustedes? ¿No alzaron mis ministros su voz como una trompeta? ¿No te advirtieron? ¿No te persuadieron a usar esta violencia, diciéndote que tu salvación dependía de ella? Pero la retórica más fundante del evangelio no os conmovió. ¿No os daba tiempo para cuidar vuestras almas?

(Apocalipsis 2:21) «Le di espacio para arrepentirse».

¿No prometisteis en vuestro voto en el bautismo, que tomaríais el Cielo por la fuerza? «luchando bajo mi bandera contra el mundo, la carne y el Diablo? ¿Por qué entonces no usasteis la violencia para el reino? Debe ser pereza u obstinación. Podíais ser violentos para otras cosas, para el mundo, para vuestros deseos, pero no para el reino de los cielos. ¿Qué podéis decir por vosotros mismos, en cuanto a por qué no debe pasar la sentencia de condenación?»

¡Oh, cómo se confundirán los hombres y se quedarán sin palabras en ese momento, y la justicia de Dios se aclarará en su condena! (Salmo 51:4) «Para que seas claro cuando juzgues». Aunque el pecador beba un mar de ira, no beberá ni una gota de injusticia.

XXI. Puedes perder la entrada al reino.

Qué vejación será al final perder el reino de la gloria por falta de un poco de violencia. Cuando uno piense consigo mismo,

> «Hice algo en piedad-pero no fui lo suficientemente violento. Oré, pero debí haber traído fuego al sacrificio. Escuché la palabra, pero debería haber recibido la verdad en el amor. Me humillé con el ayuno, pero debería haber unido la humillación a la reforma. Di a los pobres de Cristo buenas palabras; les pedí que se calentaran; pero debí haberlos vestido y alimentado. Por falta de un poco más de violencia he perdido el reino».

El profeta ordenó al rey de Israel que golpeara el suelo,

(2 Reyes 13:18-19). Y él «Golpeó tres veces y se detuvo. El hombre de Dios se enojó con él y le dijo: Deberías haber golpeado el suelo cinco o seis veces; entonces habrías derrotado a Aram y la habrías destruido por completo». Así, un hombre hace algo por piedad, «golpea tres veces y luego se detiene»; mientras que si hubiera ejercido un poco más de violencia por el Cielo se habría salvado. ¡Qué mal es esto, sino hacer la obra a medias, y por disparar en corto, perder el reino! Oh, cómo le cortará el corazón a un hombre cuando esté en el infierno, al pensar: «si hubiera ido un poco más lejos, me habría ido mejor que ahora; no me habría atormentado así en la llama».

XXII. El ejemplo de los santos de la antigüedad.

Estos han tomado el cielo por la fuerza. David rompió su sueño para meditar, (Salmo 119:148). Su violencia por el cielo hervía en celo, (Salmo 119:39) «¡Mi celo me ha consumido!» Y Pablo «se esforzó por asir aquello por lo que Cristo Jesús me asió». La palabra griega «epekteínomai» significa estirar el cuello: es una metáfora tomada de los corredores, que estiran todos sus miembros, y se extienden hacia adelante para asir el premio.

Leemos de Ana, una profetisa, (Lucas 2:37). «No se apartó del templo, sino que sirvió a Dios con ayunos y oraciones noche y día». Qué laborioso era Calvino en la viña del Señor. Cuando sus amigos le persuadieron, por el bien de su salud, que remitiera un poco sus labores, dice: «¿Queréis que el Señor me encuentre ocioso cuando venga?»

Lutero pasaba tres horas al día en oración. Se dice del santo Bradford que la predicación, la lectura y la oración eran toda su vida. Me alegro (dijo Jewel) de que mi cuerpo se agote en las labores de mi santa vocación. ¡Qué violentos fueron los benditos mártires! Llevaban sus grilletes como adornos; tomaban los tormentos como coronas, y abrazaban las llamas tan alegremente como Elías el carro de fuego que venía a buscarlo al cielo. «Que los bastidores, los fuegos, las poleas y toda clase de tormentos Venir, sólo para ganar a Cristo», dijo Ignacio. Estas almas piadosas resistieron hasta la sangre (Heb. 12:4). ¡Cómo deberían provocar nuestro celo! Escriban después de estos hermosos ejemplares.

XXIII. Considera la dificultad de salvarse para los que luchan.

Si los santos, con toda su violencia, tienen mucho que hacer para llegar al cielo, ¿cómo llegarán allí los que no usan violencia? (1 Pedro 9:18). «Si los justos apenas se salvan, ¿dónde aparecerán los impíos y los pecadores?» Si los que se esfuerzan como en una agonía apenas pueden entrar por la puerta estrecha, ¿qué será de los que nunca se esfuerzan? Si Pablo «se mantuvo bajo su cuerpo», mediante la oración, la vigilancia y el ayuno, (1 Cor. 9:27), ¿cómo se salvarán los que sueltan totalmente las riendas de la carne y se bañan en las deliciosas corrientes del placer carnal?

XXIV. El sufrimiento es temporal.

Este sudor por el Cielo no ha de durar mucho tiempo. (1 Pedro 5:10). «Después de haber sufrido un tiempo». Así que después de haber ofrecido la violencia por un tiempo, se le pondrá fin. Tu trabajo expirará con tu vida. Es sólo un poco de tiempo, y habrás terminado de llorar, de luchar y de orar. Es sólo un poco de tiempo, y la carrera habrá terminado, y recibirán «el fin de su fe, la salvación de sus almas», (1 Pedro 1:9). Es sólo un poco de tiempo, y habrán terminado sus cansadas marchas, se despojarán de sus armaduras y se pondrán ropas blancas. ¡Cómo debería esto excitar un espíritu de santa violencia! Son sólo unos pocos meses o días, y cosecharán el dulce fruto de su obediencia.

El invierno habrá pasado, y las flores primaverales de la alegría aparecerán. El doctor Taylor se consoló a sí mismo cuando iba a la hoguera: «Sólo tengo que pasar dos escalones, y estaré en la casa de mi Padre». Cristianos, sólo tienen un pequeño camino que recorrer, un poco más de violencia, unas cuantas lágrimas más que derramar, unos cuantos sábados más que guardar, y entonces sus esperanzas serán coronadas con la vista beatífica de Dios. Cuando el vapor se disipe, entonces podremos ver el sol con claridad. De la misma manera, cuando este corto vapor de la vida se disipe, entonces contemplaremos a Cristo, el Sol de Justicia, en toda su gloria. (1 Juan 3:2) «¡Le veremos tal como es!»

XXV. No luchar es desobediencia.

Si no eres violento para el Cielo, caminas en contra de tus propias oraciones. Rezas para que la voluntad de Dios se haga por ti en la tierra, «como se hace en el Cielo». Ahora bien, ¿cómo se hace la voluntad de Dios en el Cielo? ¿No son los ángeles rápidos en hacer la voluntad de Dios, como las estrellas de arriba, que se mueven muchos millones de millas en una hora? Los serafines son descritos con alas, para mostrar cuán rápidos y alados son en su obediencia, (Isaías 9:2).

Ahora bien, si no sois violentos en vuestro movimiento espiritual, vivís en contradicción con vuestras propias oraciones. Estáis lejos de ser como ángeles; os arrastráis como caracoles en el camino hacia el cielo.

XXVI. Te permitirá morir en paz.

Esta santa y bendita violencia haría que los cristianos estuvieran dispuestos a morir. ¿Qué hace que los hombres se resistan tanto a morir? ¿Por qué? Porque su conciencia los acusa de haberse esmerado poco o nada por el cielo. Han estado durmiendo, cuando deberían haber estado trabajando, y ahora la muerte parece espantosa. Temen que la muerte los lleve como prisioneros al infierno. Mientras que el cristiano que ha sido activo en la piedad, y ha gastado su tiempo en el servicio de Dios, puede mirar la muerte en la cara con comodidad.

El que ha sido violento para el Cielo en esta vida no necesita temer una muerte violenta. La muerte no le hará ningún daño; no será una destrucción, sino una liberación; purificará el pecado y perfeccionará la gloria. Lo que hizo decir a Pablo: «Deseo partir y estar con Cristo, que es mejor con mucho». (Fil. 1:23).

Seguramente la razón fue que había sido un hombre violento; se gastó por Cristo y trabajó más que todos los demás apóstoles. (1 Cor. 15:10). Y ahora sabía que había una corona preparada para él. Augusto deseaba tener una muerte tranquila y fácil. Si hay algo que hará que nuestra almohada sea fácil al morir, y que nos haga salir del mundo tranquilamente, será esta santa violencia que hemos puesto en el negocio de la piedad.

XXVII. Es una lucha inevitable.

Si por todo lo que se ha dicho te quedas quieto, o mantienes tu sudor por otra cosa que no sea el cielo, debes saber que pronto llegará un momento en el que desearás haber usado esta violencia. Cuando la enfermedad se apodere de ti, y tu enfermedad comience a volverse violenta, y pienses que el sargento de Dios está a la puerta, ¿qué deseos pedirás: «¡Oh, si hubiera sido más violento por el cielo! ¡Oh, si hubiera rezado cuando bailaba y se divertía! ¡Oh, si hubiera tenido una Biblia en mi mano, cuando tenía una mano de cartas! ¡Qué feliz habría sido entonces! Pero, ¡ay, mi caso es miserable! ¿Qué voy a hacer? Estoy tan enfermo que no puedo vivir, y soy tan pecador que no me atrevo a morir. ¡Oh, que Dios me diera un poco más de tregua, que pusiera algunos años más en mi contrato de arrendamiento, que me concediera un pequeño espacio para recuperar mis horas perdidas!»

Como dijo una en su lecho de muerte: «¡Llama al tiempo otra vez!» Pero el tiempo no será llamado de nuevo. A la hora de la muerte, los pecadores despertarán de su letargo, y caerán en un frenesí de horror y desesperación. ¿No han de prevalecer todos estos argumentos en los hombres para que sean violentos para el reino? ¡Qué roca endurecida es el corazón de un pecador! Leemos que, en la pasión de Cristo, las rocas se rompieron, (Mat. 27:51). Pero nada conmoverá al pecador. Las rocas se romperán antes que su corazón. Si todo lo que he dicho no prevalece, es una señal de que la ruina está cerca. (1 Sam 2:25). «No escucharon la voz de su Padre, porque el Señor quería matarlos».

Sin embargo, debo insertar necesariamente esta advertencia: aunque no obtendremos el reino sin violencia, no se obtendrá por nuestra violencia. Cuando lo hayamos hecho todo, miremos a Cristo y a la gracia gratuita. Belar-mino dijo que merecemos el cielo *de congruo*. Ciertamente no es así. Aunque somos salvados en el uso de los medios, también es por gracia (Efesios 2:5). «Por gracia sois salvos».

El cielo es un regalo. (Lucas 12:32). «A vuestro Padre le ha parecido bien daros el reino». Uno puede decir: «He usado la violencia para ello, he trabajado para el reino; pero es un don que la gracia gratuita otorga». Debemos mirar a Cristo para que nos acepte. No es nuestro sudor, sino su sangre la que salva. Nuestro trabajo nos califica para el cielo, pero la muerte de Cristo compró el cielo. ¿Qué es todo lo que hemos hecho comparado con la gloria? ¿Qué es el derramamiento de una lágrima comparado con la corona? Por eso debemos renunciar a todo en cuanto a nuestra justificación, y dejar que Cristo y la libre gracia se lleven la gloria de nuestra salvación.

Dios debe ayudarnos en nuestro trabajo, (Filipenses 2:13). «Es Dios quien obra en vosotros tanto el querer como el hacer». ¿Cómo podemos entonces merecer por nuestro trabajo, cuando es Dios quien nos ayuda en nuestro trabajo?

XVIII

Atención a los impedimentos para ofrecer la violencia

Estableceré algunas reglas o indicaciones sobre cómo conseguir esta bendita violencia.

I. Tengan cuidado con las cosas que obstaculizarán esta violencia para el cielo.

Si quieres ser violento para el cielo, ten cuidado con la incredulidad. La incredulidad es un gran impedimento, pues es desalentadora. Cuando un cristiano está trabajando por el cielo, la incredulidad susurra así: «¿Para qué sirven todos estos dolores? Es mejor que me quede quieto. Puedo orar, y no ser escuchado; puedo trabajar, y no tener recompensa; puedo acercarme al cielo, y sin embargo perderlo». (Jeremías 8:12). «Y dijeron: no hay esperanza».

La incredulidad destruye la esperanza; y si se corta este nervio de la piedad, cesa toda violencia por el cielo. La incredulidad levanta una nube de desaliento en el corazón. «¡Ay!, nunca serás capaz de llevar a cabo la obra de la piedad. Hay tantos preceptos que obedecer; tantas tentaciones que resistir; tantas aflicciones que soportar, que caerás bajo la pesada carga; te cansarás en tu marcha hacia el cielo».

La incredulidad suscita pensamientos celosos de Dios, le representa como un amo austero, y que, si fallamos en tan poco, tomará sobre nosotros la extremidad de la ley. Esto desanima al alma en el uso de los medios. La incredulidad hace como Sanbalat y Tobías y a los judíos, (Nehemías 6:9). «Todos nos hicieron temer, diciendo: Sus manos se debilitarán por la obra». Oh, cuidado con la incredulidad; destruye esta santa violencia. Leemos que el brazo de Jeroboam se secó, (1 Reyes 13:4). La incredulidad marchita el brazo del alma, para que no pueda extenderse a ninguna acción espiritual. La incredulidad le hace la mayor de las bondades al Diablo; le abre el camino a sus tentaciones, que nos encantan y embrujan de tal manera que no podemos obrar. Tengan cuidado con este pecado: crean en las promesas. Dios «es bueno con el alma que lo busca», (Lam. 3:25). Sólo tienes que buscarlo con importunidad, y él te abrirá su corazón y su cielo.

II. Si quieres ser violento para el cielo, ten cuidado de no confundir tus pensamientos con la elección.

Un cristiano puede pensar así: «¿Por qué debo esforzarme? Tal vez no sea elegido, y entonces toda mi violencia es inútil». Así, muchos se apartan del uso de los medios y el negocio de la piedad se paraliza. Mientras que la verdad es que ningún hombre puede decir justamente que no ha sido elegido.

Es cierto que algunos de los hijos de Dios lo han dicho en la tentación; pero, como Pedro no sabía lo que decía en la transfiguración de Cristo, así éstos en la tentación. Pero ningún hombre puede decir con fundamento que no es elegido, a menos que pueda probar que tiene pecó el pecado imperdonable contra el Espíritu Santo. Que alguien afirme la no elección es un pecado; porque lo que lo mantiene en pecado debe ser necesariamente pecaminoso. Pero esta opinión lo mantiene en pecado; lo desanima del uso de los medios y corta los nervios de todos los esfuerzos. Por lo tanto, no se complique en sus pensamientos sobre la elección. El libro de la elección está sellado, y ningún ángel puede abrirlo.

La regla que los cristianos deben seguir es la voluntad revelada de Dios, no su voluntad secreta. La voluntad revelada de Dios es que oremos y nos arrepintamos; así aseguramos nuestro llamado; y al asegurar nuestro llamado, aseguramos nuestra elección. Si veo que los lechos de especias crecen y florecen, sé que el sol ha estado allí. Del mismo modo, si encuentro los frutos de la obediencia en mi corazón, puedo concluir que el amor electivo de Dios ha brillado sobre mí. (2 Tes. 2:13). «Dios os ha elegido desde el principio para la salvación mediante la santificación».

III. Ten cuidado con la violencia excesiva tras el mundo.

El mundo enfría los afectos santos. La tierra apaga el fuego. La trompeta de plata del mundo hace sonar una retirada, y aleja a los hombres de su búsqueda del Cielo. El mundo impidió que el joven siguiera a Cristo, «se fue triste». Entonces, dice nuestro Salvador, «¡Cuán difícil es para los ricos entrar en el reino de Dios!» (Lucas 18:24).

La piedad de Demas fue enterrada en la tierra, (2 Tim 4:10) «Demas me ha abandonado, habiendo amado este mundo presente». El papa «pío quinto» solía decir «Al principio tuve cierta buena esperanza de mi salvación cuando llegué a ser cardenal, y ahora que soy papa perdí la esperanza de ella». Jonatán persiguió la victoria hasta que llegó al panal, y entonces se detuvo, (1 Sam. 14:27).

Muchos son violentos por el reino de Dios, hasta que la ganancia o la preferencia se ofrecen; cuando se encuentran con esta miel, entonces se detienen. El mundo ciega los ojos de los hombres para que no vean el estrecho camino del cielo. Les encadena los pies para que no corran por el camino de los mandamientos de Dios. Mitrídates, rey del Ponto, al ser derrotado por los romanos, y temiendo no poder escapar de ellos, hizo que se esparciera por los caminos una gran cantidad de plata y oro, que mientras los soldados romanos se ocupaban de recoger, él se alejó de ellos.

La misma estratagema utiliza Satanás; sabiendo qué cosas tentadoras son las riquezas, las lanza como cebos, en el camino de los hombres, para que mientras ellos están recogiendo ansiosamente estas, él pueda obstaculizarlos en su búsqueda de la felicidad eterna. He observado a algunos que una vez, al estilo de Jehú, avanzaron furiosamente por la causa de la piedad; cuando el mundo se les ha echado encima, las ruedas de sus carros han sido arrancadas, y han avanzado pesadamente. Sería impiden a un hombre subir a una roca escarpada, con pesas pesadas atadas a sus piernas.

Las pesas de oro de los hombres les impiden subir por esta roca escarpada que conduce a la salvación. La música del mundo encanta a los hombres dormidos, y cuando están dormidos, no son aptos para trabajar. Una cosa no puede ser llevada violentamente a dos extremos a la vez. El barco no puede ir a toda vela hacia el este y el oeste al mismo tiempo. Del mismo modo, un hombre no puede ser violento para el cielo y la tierra a la vez: puede tener a Cristo y al mundo, pero no puede amar a Cristo y al mundo, (1 Juan 2:15). El que es todo fuego para el mundo, será todo hielo para el cielo. Ten cuidado de no comprometer tus afectos demasiado en estas cosas terrenales. Usa el mundo como tu siervo, pero no lo sigas como tu amo.

IV. Ten cuidado de no permitirte ningún tipo de tentación.

El pecado arruina todos los esfuerzos por el Cielo. El pecado debilita; es como el corte de pelo de Sansón: entonces la fuerza se va. *El pecado es la enfermedad del alma.* La enfermedad quita a un hombre sus piernas y lo desanima de tal manera que no es apto para ningún ejercicio violento. Un hombre enfermo no puede correr una carrera.

El pecado vivido, aleja al hombre del deber, o lo hace morir en él. Cuanto más vivo está el corazón en el pecado, más muerto está en la oración. ¿Cómo puede pedir misericordia a Dios un hombre cuyo corazón lo acusa de un pecado secreto? La culpa engendra miedo, y lo que fortalece el miedo, debilita la violencia. Adán, habiendo pecado, tuvo miedo y se escondió, (Gn. 3:10).

Cuando Adán perdió su inocencia, perdió su violencia. Por lo tanto, ¡poned el hacha a la raíz! Que el pecado sea cortado. No sólo se abstengan de pecar en el acto, sino que mortifiquen el amor al pecado, y pasen a cuchillo todo pecado. Muchos dejarán todos sus pecados menos uno. Salvan un pecado y pierden un alma. Un pecado es un grillete. Un hombre puede perder la carrera también por tener un grillete en la pierna, igual que si tenía muchos. He leído de un gran monarca que, huyendo de su enemigo, tiró la corona de oro que llevaba en la cabeza para poder correr más rápido. Así, ese pecado que llevabas como una corona de oro, tíralo para que puedas correr más rápido hacia el reino celestial.

V. Ten cuidado con sobre entristecerte de espíritu. Sé serio, pero alegre.

Aquel cuyo espíritu está oprimido por la tristeza, no

es apto para realizar su trabajo. Una persona poco alegre de corazón no es apta para orar o alabar a Dios. Cuando las cuerdas de un laúd están mojadas, no emitirá ninguna dulce armonía.

Los que van decaídos bajo los temores y desalientos no pueden ser violentos en la piedad. Cuando un soldado se desmaya en el campo, pronto deja caer su espada. David se reprende de su melancolía, (Salmo 43:5). «¿Por qué estás abatida, oh alma mía? ¿Por qué estás inquieto dentro de mí? Espera en Dios».

Un corazón triste hace que la acción sea aburrida. Usamos el tambor y la trompeta en la batalla, para que el ruido de la trompeta excite y acelere los espíritus de los soldados, y los haga luchar más vigorosamente. La alegría es como la música en la batalla; excita el espíritu del cristiano y lo hace vigoroso y vivo en el deber. Lo que se hace con alegría se hace con deleite, y el alma vuela muy rápidamente al cielo sobre las alas del deleite.

VII. Cuídate de una disposición perezosa e indolente.

Un cristiano perezoso es como un soldado temeroso, que tiene un buen deseo de saqueo, pero se resiste a asaltar el castillo. Una persona perezosa desearía tener el cielo, pero se resiste a tomarlo por asalto. La pereza es el sueño del alma. Muchos, en lugar de trabajar por la salvación, duermen la salvación.

Los que no quieren trabajar, deben ser puestos al final a mendigar. Deben mendigar, como Dives en el infierno, por una gota de agua. El hombre ocioso (dice Salomón) «mete la mano en el pecho», (Proverbios 19:24). Debe tener su mano en el arado, y la pone en el pecho. Dios nunca hizo del cielo una colmena para zánganos.

La pereza es una enfermedad que se apodera de los hombres: ¡despídanla! Un barco perezoso es presa del pirata. Un alma perezosa es presa de Satanás. Cuando el cocodrilo duerme con la boca abierta, la rata se mete en su vientre y se come sus entrañas. Así mismo, mientras los hombres duermen en la pereza, el Diablo entra y los devora.

VII. Ten cuidado de consultar con la carne y la sangre.

Tan bueno es consultar con el Diablo como con la carne. La carne es un traidor de pecho. Un enemigo dentro de las paredes es el peor enemigo. La carne grita, hay un «león en el camino». La carne te dirá, «¡sálvese quien pueda!» como Pedro a Cristo. «Oh, no seas tan violento por el Cielo, perdónate a ti mismo». La carne dice como Judas: «¿Por qué todo este derroche?» «¿Por qué todo este rezo y lucha? ¿Por qué malgastáis vuestras fuerzas? ¿Por qué todo este despilfarro?» La carne clama por la facilidad; se resiste a poner su cuello bajo el yugo de Cristo.

La carne está por el placer; preferiría estar jugando a los juegos que correr la carrera celestial. Hay una descripción de los placeres carnales:

> «Te acuestas en camas con incrustaciones de marfil y te recuestas en tus sofás. Cenáis corderos selectos y terneros cebados. Tocáis vuestras arpas como David e improvisáis con instrumentos musicales. Bebes vino a manos llenas y usas las lociones más finas». (Amós 6:4-6).

Estas son las delicias de la carne. Había uno que trataba de complacer a los cinco sentidos a la vez. Tenía una habitación ricamente decorada con hermosos cuadros; tenía la música más deliciosa; tenía todos los aromas y perfumes selectos; tenía todos los suntuosos dulces del confitero; estaba alojado en la cama con una hermosa amante.

De este modo, daba rienda suelta a la carne, y juraba que gastaría toda su hacienda para vivir una semana así, aunque al día siguiente estuviera seguro de ser condenado en el infierno. «Había un hombre rico que se vestía de púrpura y lino fino y vivía con lujo todos los días. En el infierno, donde estaba atormentado, levantó la vista y vio a Abraham a lo lejos, con Lázaro a su lado. Entonces le llamó: «Padre Abraham, ten compasión de mí y envía a Lázaro para que moje la punta de su dedo en agua y refresque mi lengua, porque estoy agonizando en este fuego». (Lucas 16:19, 23-24) ¡Oh, cuidado con mantener la inteligencia con la carne! La carne es un mal consejero. Pablo no quería «consultar con la carne y la sangre» (Gálatas 1:16). La carne es un enemigo jurado de esta santa violencia. «Porque si vivís según la carne morirás. Pero si por el Espíritu mortificáis las obras del cuerpo, viviréis» (Romanos 8:13)

VIII. Cuídate de escuchar la voz de amigos carnales, pues te apartarán de esta bendita violencia.

El fuego cuando está en la nieve, pronto perderá su calor y por grados se apagará. Entre las malas compañías pronto perderás el calor de la piedad. La compañía de los malvados te enfriará más pronto de lo que tu compañía los calentará a ellos. El vinagre agriará más pronto el vino que el vino endulzará el vinagre.

Cuántas veces los amigos carnales hacen lo mismo a nuestras almas, como las personas infectadas hacen a nuestros cuerpos al transmitir la plaga. Los malvados todavía nos disuaden de esta violencia; dirán que es una precisión y una singularidad innecesarias; igual que los amigos de

Cristo lo agarraron cuando iba a predicar, (Marcos 3:21). «Fueron a hacerse cargo de él, porque decían: está fuera de sí». Los que son que no conocen la espiritualidad y la dulzura de la piedad, juzgan que todo el celo cristiano es una locura, y por lo tanto se aferrarán a nosotros para obstaculizarnos en esta sagrada violencia.

Cuando somos sinceros pretendientes a la piedad, nuestros amigos carnales levantarán alguna mala noticia de ella, y así se esforzarán por romper el matrimonio. *Galeacius,* Marqués de Vico, estando resuelto a ir al cielo, ¡qué obstáculo encontró en sus relaciones carnales! ¡Cuídate de la trampa en tu familia! Es una de las grandes sutilezas del Diablo, impedirnos la piedad por medio de nuestros parientes más cercanos, y dispararnos con nuestra propia costilla.

Tentó a Adán por medio de su mujer, (Gen. 3:6). ¿Quién habría sospechado que el Diablo estaba allí? A Job lo tentó por medio de su mujer, (Job 2:9) «¿Aún conservas tu integridad?», «¿Qué, a pesar de todos estos desastres que te han sobrevenido, sigues orando y sirviendo a Dios? Arroja su yugo; maldice a Dios y muere». Así hubiera querido el diablo enfriar el amor de Job por Dios; pero el escudo de su fe apagó este dardo ardiente.

Los amigos de Spiera se interpusieron en su camino al cielo. Por haber consultado con ellos la doctrina de Lutero, le persuadieron a retractarse, y abjurando tan abiertamente de su antigua fe, sintió un infierno en su conciencia. Cuídate de tales tentadores; resuelve mantener tu violencia por el Cielo, aunque tus amigos carnales te disuadan. Es mejor ir al Cielo con su odio, que al infierno con su amor. Era un dicho de Jerónimo: «Si mis padres me persuadieran a negar a Cristo; si mi esposa fuera a encantarme con sus abrazos, abandonaría todo y volaría a Cristo». Es mejor ir al cielo con su odio, que al infierno con su amor. Si nuestros amigos y familiares más queridos se interponen en nuestro camino al cielo, debemos saltar sobre ellos o pisarlos. «Los enemigos de un hombre serán los miembros de su propia casa. El que ama a su padre o a su madre más que a mí, no es digno de mí; el que ama a su hijo o a su hija más que a mí, no es digno de mí; y el que no toma su cruz y me sigue, no es digno de mí» (Mateo 10:36-38).

IX. Cuídate de establecer tu morada en el campo más bajo de la gracia.

El que tiene la menor gracia, puede tener movimiento, pero no violencia. Es una cosa lamentable contentarse con la cantidad de gracia que mantenga la vida y el alma juntas. Cornelius a Lapide escribe: Dice que en efecto: «Oh, cristianos, no os limitéis a correr debidamente para conseguir, sino que corred bien y rápido para llevaros el primer y más espléndido premio de la gloria». Cada uno, dice Crisóstomo, «debe esforzarse por ser el primero en el cielo y recibir allí el primer premio».

Un hombre enfermo puede tener vida, pero no es vivaz. La gracia puede vivir en el corazón, pero es enfermiza, y no florece en actos vivos. La gracia débil no resistirá las fuertes tentaciones, ni nos llevará a través de grandes sufrimientos; difícilmente seguirá a Cristo sobre el agua (Mt. 14:28-31).

Una gracia pequeña no servirá de mucho a Dios. Un árbol que tiene poca savia no tendrá mucho fruto. Se puede decir de algunos cristianos que, aunque no son mortales, están atrofiados en la gracia. Son como un barco que llega con mucha dificultad al puerto. Oh, esfuérzate por crecer a más grados de santidad. A más gracia, más fuerza; y a

172

más fuerza, más violencia. «Pero creced en la gracia y el conocimiento de nuestro Señor y Salvador Jesucristo. A él sea la gloria ahora y siempre. Amén» (2 Pedro 3:18).

IX. No creas que es fácil obtener el cielo

Aquel que piensa que no necesita correr una carrera tan rápido, será propenso a aflojar su paso. Esto ha hecho perder a muchos. ¿Quién se esforzará por el Cielo, si piensa que puede obtenerlo a un precio más barato? Pero si es tan fácil, ¿qué necesidad había de que Cristo dijera: esfuérzate *como en una agonía?* (Lc.13:24) ¿Qué necesidad tenía Pablo de *golpear su cuerpo?* (1 Co. 9:27) ¿Por qué el texto habla de tomar el reino por la fuerza? «Desde los días de Juan el Bautista hasta ahora, el reino sufre violencia, y los violentos lo conquistan por la fuerza» (Mt. 11:12).

¿No se llama a la conversión un «nuevo nacimiento» y «una nueva creación»? ¿Es eso fácil? Oh, cuidado con imaginar que esa obra es fácil, lo cual está tanto por encima de la naturaleza como en contra de ella. Es una maravilla tan grande que un alma sea salvada, como ver una piedra de molino volando hacia la luna.

El cielo tomado por la tormenta

XIX

Indicaciones sobre cómo promover el ofrecimiento de violencia

Si quieres ser violento por el Cielo, utiliza aquellos medios que promuevan esta santa violencia.

I. Si quieres ser violento para el cielo, mantén la oración diaria.

La oración es el fuelle que hace estallar los afectos. Un cristiano es más activo cuando sus afectos son más violentos. La oración mantiene el comercio de la piedad. La oración es para el alma lo que el corazón es para el cuerpo; el corazón hace que el cuerpo sea ágil y vivo; lo mismo hace la oración para el alma. Para que el movimiento de un reloj sea más rápido, hay que darle cuerda al resorte. Cristiano, da cuerda a tu corazón cada día con la oración.

La oración trae la fuerza de Cristo; y cuando su fuerza entra, pone el alma a trabajar. La oración deja el corazón en un marco santo, como el sol de la mañana deja un calor en la habitación para el resto del día. Cuando los cristianos dejan de lado la oración, o abandonan el fervor en ella, entonces pierden poco a poco su santa violencia.

II. Si quieres ser violento para el cielo, ponte bajo la predicación piadosa.

La Palabra es «viva y poderosa» (Heb. 4:12). Pone vida en un corazón muerto. Es tanto una espada para cortar el pecado, como un estímulo para avivar la gracia. La

Palabra es un fuego para descongelar un corazón conge-lado, (Jer 23:29). «¿No es mi Palabra fuego?» Tan bueno es estar sin predicación, como estar bajo una predicación que no nos calienta. La Palabra no sólo informa, sino que inflama. (Salmo 119:50), «Tu Palabra me ha dado vida». Es la dispensación viva de los oráculos del cielo, que debe animarnos, y hacernos vivos en nuestros deberes.

III. Si quieren ser violentos para el cielo, llenen sus cora-zones de amor a la piedad.

Esto es como el bastón de mirto en la mano del viajero, (del que habla Plinio) que lo hace fresco y vivaz en su viaje, y evita que se canse. Cuando un hombre se ha calentado junto al fuego, está más apto para el trabajo. Si queréis ser violentos en el trabajo de la salvación, calentaos con este fuego del amor. Un hombre sólo se esforzará por aquello que ama. ¿Por qué los hombres están tan ansiosos en su búsqueda del oro, sino porque lo aman? El amor causa deleite, y el deleite causa violencia. ¿Qué hizo que Pablo trabajara más que todos los demás apóstoles? «El amor de Cristo nos obliga». (2 Corintios 5:14).

El amor es como el aceite para las ruedas. Consigue amor para la piedad y nunca te cansarás; contarás esas horas como las mejores que se pasan con Dios. El que cava en una mina de oro suda, pero el amor por el oro hace que su trabajo sea delicioso.

IV. Si quieres ser violento para el cielo, sé vigilante.

El profeta estaba sobre su «torre de vigilancia», (Hab. 2:1). ¿Por qué los cristianos son tan apáticos en su trabajo? Si vieran cómo vigila su enemigo, serían violentos para resistirlo. Si miraran para ver cuán rápido corre su tiempo, o más bien vuela, serían violentos para redimirlo. Si observaran cómo sus corazones se demoran en la piedad, se espolearían más rápido hacia el cielo.

La razón por la que hay tan poca violencia en la piedad es porque hay tan poca vigilancia. Cuando los cristianos descuidan su vigilancia espiritual, y se vuelven seguros, entonces su movimiento hacia el cielo es retardado, y los movimientos de Satanás hacia el pecado son renovados. *Nuestra hora de dormir es la hora de la tentación de Satanás.*

V. Si quieres ser violento para el cielo, ata tu corazón a Dios con votos sagrados.

Un siervo será más diligente después de estar atado a su amo. Haz un voto al Señor de que, por su gracia, actuarás con más vigor en la esfera de la piedad, (Salmo 56:12) «Tus votos están sobre mí, oh Dios». Un voto obliga al votante a cumplir con su deber. Entonces se ve a sí mismo como bajo una obligación especial, y eso acelera el esfuerzo.

No hay duda de que un cristiano puede hacer tal voto, porque su fundamento es moralmente bueno. No promete nada más que lo que está obligado a hacer, es decir, caminar más cerca de Dios. Sólo recuerda que no hacemos votos por nuestra propia fuerza, sino la de Cristo. Debemos confiar en él tanto para la fuerza como para la justicia. (Isaías 45:24) «En el Señor tengo justicia y fortaleza».

VI. Si quieres ser violento por el cielo, asegúrate de hacer de la ida al cielo tu asunto principal.

Lo que un hombre mira con indiferencia, nunca será violento. Pero aquello que convierte en su negocio principal, será laborioso. Un hombre considera que su oficio es lo único con lo que puede ganarse la vida, y lo sigue de cerca. De la misma manera, si consideráramos la piedad como el negocio principal en lo que concierne a nuestra salvación, seríamos violentos en ella. (Lucas 10:42). «Pero una cosa es necesaria».

Esta es la *única cosa*, obtener a Cristo y el cielo; este es el fin para el que vinimos al mundo. Si pudiéramos considerar así las cosas de la eternidad como nuestro negocio *la única cosa*-, ¡cuán sinceros seríamos en la búsqueda de ellas!

VII. Si quieres ser violento por el cielo, ten el cielo continuamente en la mira.

Esto hizo que Cristo fuera violento hasta la muerte; tenía la vista puesta en el gozo que le esperaba, (Heb. 12:2). Pon la corona siempre delante de ti, y eso provocará el esfuerzo. El marinero tiene su mano en la popa, y su ojo en la estrella. Mientras trabajamos, tengamos la vista puesta en ese lugar donde está Cristo, la brillante estrella de la mañana.

Cuán gustosamente vadea un hombre las aguas profundas, cuando ve tierra firme ante él, y está seguro de ser coronado tan pronto como llegue a la orilla. Cada vez que levantes los ojos al cielo, piensa: «Por encima de ese cielo estrellado, está el cielo celestial por el que estoy luchando para». Así hizo Moisés; el ojo de su fe aceleró los pies de su obediencia, (Heb. 11:26). «Miró a la recompensa de la recompensa». Cuando los cristianos pierden la perspectiva del Cielo, entonces empiezan a aflojar el paso en el camino hacia allí.

VIII. Si quieres ser violento por el cielo, haz compañía a los que son violentos.

Cuando necesitamos fuego, vamos al hogar de nuestro vecino y buscamos fuego. Acércate a menudo a los piadosos, y así obtendrás de ellos calor y ánimo, (Salmo

119:63). «La buena compañía anima. El discurso santo y el ejemplo de un santo moja y agudiza a otro. Los santos nunca van tan rápido al cielo como cuando van en compañía. Un cristiano ayuda a otro a avanzar.

En otras carreras que se corren, muchas veces uno estorba a otro; pero en esta carrera hacia el cielo, un cristiano ayuda a otro a avanzar. (Tesalonicenses 5:11). «Edificaos los unos a los otros, como también lo hacéis vosotros» Oh, que no se olvide este artículo de nuestro credo: «La comunión de los santos».

IX. Si quieres ser violento para el Cielo, no te vayas hasta que tengas el Espíritu.

Deseo de Dios de poner la dulce violencia de su Espíritu; la esposa pidió un vendaval del Espíritu, (Cant. 4:16). «Despierta, oh viento del norte, sopla, oh sur». Cuando el Espíritu de Dios sopla sobre nosotros, entonces vamos a toda vela hacia el cielo. Cuando el Espíritu de los seres vivos estaba en las ruedas, éstas se movían, (Ez. 1:21).

Las ruedas de nuestro esfuerzo se mueven con rapidez, cuando el Espíritu de Dios está en estas ruedas. Viendo que hay tantos vientos violentos de la tentación que nos hacen retroceder, debemos tener el viento violento del Espíritu de Dios que nos hace avanzar hacia el cielo. Baste esto para hablar de los medios para esta santa violencia.

XX

Conclusión: ¿qué debemos hacer?

Pero algunos dirán, hemos usado esta violencia para el Cielo; ¿qué nos queda por hacer? Como el pueblo dijo a Cristo, (Lucas 1:13). «¿Qué haremos?» Ustedes, que han sido violentos para el Cielo, y que ahora son cristianos maduros, permitidme que les suplique que mantengan aún viva esta santa violencia. No sólo mantened el deber, sino la violencia en el deber. Recuerda que tienes esa corrupción dentro de ti que está dispuesta a disminuir esta bendita violencia. El carbón más brillante tiene esas cenizas que crecen en él y que son capaces de ahogar el fuego.

Tú tienes esas corrupciones innatas que, como las cenizas, están listas para ahogar el fuego de tu celo. ¡Cómo se enfrió la gracia de Pedro cuando negó a Cristo! La iglesia de Éfeso perdió su filo de piedad, (Apocalipsis 2:4). Cuídate de declinar en tus afectos. No seáis como un cuerpo que se atrofia: sed muy violentos hasta el final.

Ahora tienen poco tiempo para trabajar por Dios, por lo tanto, trabajen con más ahínco. Sé cómo la iglesia de Tiatira; sus «últimas obras fueron más que las primeras» (Apocalipsis 2:19).

Hugo Grotius escribe: «"Tus obras de ahora son mayores que las primeras". De esta manera el apóstol los alaba, no solo porque no se desanimaron por el largo trabajo, sino que siguieron trabajando durante muchos días para avanzar». Sé cómo el sol que brilla más antes de su puesta. Sé cómo el cisne que canta más dulcemente antes de su muerte. (Rom 13:11). «Tu salvación está más cerca que cuando creías». Si tu salvación está más cerca, tu violencia debería ser mayor. ¡Cómo deberías acelerar tu paso, cuando estás a la vista del reino! Es un hombre feliz del que se puede decir, espiritualmente, como de Moisés literalmente antes de su muerte, (Deut. 34:7). «Sus ojos no se oscurecieron y su fuerza natural no disminuyó». Así que une la fuerza y la violencia de Christian por el Cielo no disminuyen: guarda el mejor vino de su vida hasta el final.

Aquí hay un fuerte consuelo para el cristiano violento: estás en el camino del reino. Aunque tal vez no tengas mucho en el camino, es feliz que estés en el camino. Bendice a Dios porque mientras algunos yacen en la total negligencia del deber, Dios te ha dado un corazón para buscarlo, (Salmo 105:3). «Que se alegre el corazón de los que buscan al Señor».

Es más, Dios no sólo te ha dado un corazón para cumplir con el deber, sino para cumplir con el deber mezclado con el amor, lo que lo hace un alimento sabroso; y para cumplir con el deber estampado con el fervor, lo que lo hace pasar corriente con Dios. Oh, bendito sea Dios, que te ha levantado del lecho de la pereza y ha despertado el celo de tu alma por el cielo. El que te ha hecho violento te hará victorioso.

Espera un tiempo, y poseerás el reino. cuando Moisés subió a recibir los mandatos de Dios, permaneció seis días en el Monte, y al séptimo día Dios lo llamó (Éxodo 24:16). Aunque esperemos mucho tiempo, y no tengamos la cosa esperada, sigamos cumpliendo con nuestro deber; dentro de poco, Dios nos llamará desde el cielo: «¡Subid aquí!» Y pasaremos del monte de la fe al monte de la visión, y contemplaremos esas cosas gloriosas que «el ojo no ha visto, ni puede entrar en el corazón del hombre para concebir» (1 Co. 2:9).

OBJECIÓN: Pero puede que un hijo de Dios diga: «Me temo que no soy uno de esos violentos que tomarán el cielo. Encuentro tal muerte de corazón en el deber, que me pregunto si alguna vez llegaré al reino».

Respuesta 1: Esta muerte del corazón puede surgir por causas naturales. La debilidad del cuerpo puede provocar una indisposición de la mente. Tu oración puede ser débil, porque tu cuerpo es débil. Un laúd agrietado no puede emitir un sonido tan dulce como si estuviera entero.

Respuesta 2: Esta indisposición del alma tal vez sea sólo casual, y por un tiempo; puede ser en un profundo ataque de melancolía, o en la deserción. Cuando el sol desaparece de nuestro clima, la tierra está como abandonada, y los árboles no tienen flores ni frutos; pero esto es sólo por un tiempo. Si el sol vuelve en primavera, las hierbas florecen y los árboles dan sus frutos. Así, cuando Dios esconde su rostro, hay una muerte en el corazón del cristiano: ora como si no orara.

Pero si el Sol de Justicia regresa, entonces está divinamente animado, y es tan vigoroso y vivo en su operación como siempre; entonces recupera su primer amor. Por lo tanto, débil cristiano, no te desanimes, mientras no te permitas en tu destemplanza; un corazón muerto es tu carga, mira a Cristo tu Sumo Sacerdote, que es misericordioso para soportar tus dolencias y es poderoso para ayudarlas.

La felicidad de acercarse a Dios

*Porque he aquí, los que se alejan de ti perecerán; tú des-
truirás a todo aquel que de ti se aparta. Pero en cuanto a mí, el
acercarme a Dios es el bien;
He puesto en Jehová el Señor mi esperanza, para contar todas
tus obras. (Salmo 73:27-28)*

Este salmo no es menos elegante que sagrado (Salmo
73). Es calculador para el meridiano de la iglesia de Dios
en todos los tiempos, pero es especialmente adecuado
para que los piadosos mediten en tiempos de calamidad.
Es un salmo de Asaf. Asaf era un hombre divinamente
inspirado, un profeta, así como uno de los maestros de la
música. Se llama salmo a Asaf, bien porque lo compuso
o porque se le encomendó cantarlo. Este hombre santo
parece mantener aquí un diálogo consigo mismo sobre
la providencia. Estaba dispuesto a llamar a las providen-
cias de Dios a la barra de la razón y a preguntar sobre
la equidad de las mismas. ¿Cómo puede ser justo que los
que son malos soporten tanto mal? Mientras Asaf debatía
el caso consigo mismo, al final su fe se puso por encima
de su sentido común; consideró que los malvados están
colocados en cerraduras lúbricas, en lugares resbaladizos.
Como los que van sobre el hielo, sus pies pronto resbala-
rían; o como los que caminan en minas de pólvora, pronto
saldrían volando (versículo 18). Esto resolvió su duda y
compuso su espíritu.

No hay que olvidar la prima o entrada en el salmo: «Verdaderamente Dios es bueno con Israel»; el hebreo lo traduce como *ciertamente*. Esta es una máxima de oro que debe mantenerse sin discusión. En la Septuaginta es *vox admiralties*, se expone a modo de admiración: «¡Oh, qué bueno es Dios con Israel!». ¿Qué ángel del cielo puede expresarlo? La Vulgata lee, *veruntanem*, sin embargo, Dios es bueno; como si el salmista hubiera dicho: Aunque la vela de la prosperidad brille sobre los malvados, no sólo tienen lo que su corazón puede desear, sino más de lo que su corazón puede desear (versículo 7). Y tú, piadoso, estás muy afligido, mezclando allí la bebida con el llanto, y, sin embargo, a pesar de todo esto, «Dios es bueno con Israel». He aquí la fuente, el arroyo, la cisterna: el fundamento es Dios; el arroyo, la bondad; la cisterna en la que corre, Israel. Ideado, Dios es bueno con todos (Sal. 145:9). El dulce rocío cae tanto sobre el cardo como sobre la rosa. Pero, aunque Dios sea bueno con todos, no es igual de bueno con todos. Él es bueno con Israel de una manera especial. Los impíos tienen una misericordia parca, pero los piadosos tienen una misericordia salvadora. Y si Dios es bueno con su pueblo, entonces es bueno que su pueblo se acerque a Él. Así lo dice el texto: «Es bueno que me acerque a Dios». Podemos considerar las palabras *in Hypothesi* (es decir, la parte hipotética de un silogismo). Aquí hay algo implícito, a saber, que por naturaleza estamos lejos de Dios. Acercarse implica una extrañeza y una distancia.

En nuestro estado caduco hemos perdido dos cosas: la imagen de Dios y la comunión con Dios. «Los malvados están alejados desde el vientre» (Sal. 58:3). Cada paso que da un pecador se aleja más de Dios. La marcha del pródigo a un país lejano (Lucas 1:13) fue un emblema del alejamiento del pecador de Dios. Cuán lejos están de Dios los que han viajado cuarenta o cincuenta años de Dios los que han viajado cuarenta o cincuenta años de la casa de su Padre. Y lo que es peor, los pecadores no sólo están lejos de Dios, sino que no se preocupan por estar cerca de la santidad. los malvados se alejan todo lo que pueden de Dios, como Caín, que «se alejó de la presencia del Señor» (Gn. 4:16), es decir, de la iglesia de Dios, donde estaban los signos visibles de la presencia de Dios. Se alejó de Dios tanto como pudo. Trabajó en la construcción, pensando así en ahogar el ruido de su conciencia, como los italianos de antaño solían ahogar el ruido de los truenos haciendo sonar sus campanas.

El pecador piensa que lo mejor es ahorrarse la compañía de Dios. «Haz que el santo de Israel cese ante nosotros» (Isa. 30:11). Dejemos a Dios fuera de nuestra compañía; que no se le nombre más entre nosotros. A un ojo malo no le gusta estar cerca del sol.

Humillémonos profundamente por nuestra caída en Adán, que nos ha alejado tanto del bendito Dios.

El cielo y la tierra no están tan separados como Dios y el pecador. Cuanto más lejos estemos de Dios, más cerca estaremos del infierno. Cuanto más lejos navega un hombre del este, más cerca está del oeste. Pensemos en volver a Dios mediante el arrepentimiento. Digamos como la iglesia: «Iré y volveré a mi primer marido, porque entonces fue mejor para mí que ahora» (Os. 2:7).

Consideremos el texto en tesis (es decir, la parte teórica de un silogismo): «Me conviene acercarme a Dios».

El texto se divide en tres partes:

1. la persona: yo;

2. el acto: acercarme;

3. el objeto; Dios;

4. la excelencia del acto: es bueno.

La proposición es ésta: *Que es un gran deber de los cristianos acercarse a Dios. «Acerquémonos con un corazón verdadero» (Heb.10:22).*

Para ilustrar la proposición, hay que indagar en cuatro cosas:

1. Cómo somos capaces de acercarnos a Dios;

2. dónde nos acercamos a Dios;

3. la manera en que nos acercamos a Dios;

4. por qué debemos acercarnos a Dios.

1. Cómo somos capaces de acercarnos a Dios

Por naturaleza estamos en oposición a Dios, alienados y enemigos (Col. 1:21). ¿Cómo podemos entonces acercarnos a Dios

FINIS

Made in the USA
Middletown, DE
20 April 2023

29013340R00106